臺灣歷史與文化 研究輯刊

十 編

第 6 冊

臺中梧棲浩天宮文物調查與研究

林郁瑜 著

花木蘭文化出版社

國家圖書館出版品預行編目資料

臺中梧棲浩天宮文物調查與研究／林郁瑜 著 — 初版 — 新北
市：花木蘭文化出版社，2016〔民 105〕
目 4+222 面；19×26 公分
（臺灣歷史與文化研究輯刊 十編；第 6 冊）
ISBN 978-986-404-786-4（精裝）
1. 寺廟 2. 文物調查 3. 文物研究 4. 臺中市梧棲區
733.08   105014935

臺灣歷史與文化研究輯刊
十 編 第 六 冊   ISBN：978-986-404-786-4

臺中梧棲浩天宮文物調查與研究

作　　者　林郁瑜
總 編 輯　杜潔祥
副總編輯　楊嘉樂
編　　輯　許郁翎、王筑　美術編輯　陳逸婷
出　　版　花木蘭文化出版社
社　　長　高小娟
聯絡地址　235 新北市中和區中安街七二號十三樓
　　　　　電話：02-2923-1455 ／傳真：02-2923-1452
網　　址　http://www.huamulan.tw 信箱 hml 810518@gmail.com
印　　刷　普羅文化出版廣告事業
初　　版　2016 年 9 月
全書字數　114104 字
定　　價　十編 18 冊（精裝）台幣 36,000 元

臺中梧棲浩天宮文物調查與研究

林郁瑜　著

作者簡介

林郁瑜，畢業於中興大學歷史系，逢甲大學歷史與文物研究所碩士。大學時期曾修習歷史學理論課程，研究所時，開始接觸文物研究課程，也參與李建緯老師主持的文物調查計畫。本論文以梧棲大庄浩天宮的文物為基礎，透過文物調查與地方史相互印證，補充文獻史料之缺。

提　　要

　　寺廟是供奉神明的場所，同時具有宗教、商業、政治、教育、娛樂等功能，與居民生活密不可分。臺灣的寺廟是臺灣文化的縮影，研究寺廟史便是研究地方鄉土史，寺廟中的文物可補充文獻史料，進一步作為歷史的佐證。

　　梧棲舊名「五汊」，為臺灣中部重要港口，其地方發展與港口興衰有連動關係。梧棲港自道光年後成為地區性的中心港口，轉型為商貿城鎮，地位逐漸提升，經濟日漸發達，社會組織日趨完備，梧棲重要廟宇均在道光年後建立。

　　梧棲大庄浩天宮建立於清朝，是臺灣中部重要的媽祖信仰中心之一。浩天宮自日治以來形成五十三庄的宗教區域組織，並與北港朝天宮聯結成一個香火網絡。寺廟中的傳世文物有神像、香爐、匾額與碑碣。經過實地調查，浩天宮共登錄有 22 件文物，提供梧棲開發史的相關史料。

目次

表目次

第一章 緒 論

　　臺灣走進文字記錄的信史時代，大約起於荷蘭 1624 年（明天啓 4 年）在 Tayouan（大員）建立熱蘭遮城（今天臺南安平）開始，〔註 1〕在此同時也開啓了中國大陸漢人渡臺的熱潮。到了鄭成功於明永曆 16 年（清康熙元年，1662）在臺灣建立漢人政權後，來自中國的漢人移民更多，他們將原鄉的文化移植臺灣，不僅讓臺灣正式走進信史時代，也讓臺灣成爲漢人文化圈的一部份。因此，臺灣是一個移墾社會，移民多數來自閩、粵二省，隨著臺灣土地不斷地開發，渡海來臺定居的移民越來越多，慢慢形成聚落。移民聚落通常帶著原鄉色彩，保留著原鄉的生活習俗，但也爲了適應臺灣特殊的生存環境，發展出屬於臺灣文化的在地特色，寺廟便是渡臺漢人凸顯臺灣在地特色的代表之一。

　　寺廟是供奉神明的地方，是一個宗教場所。臺灣的移民渡臺時經常將自己原鄉信仰的神明帶來供奉，做爲心靈寄託，在廟宇建立後，成爲凝聚人心的神聖場所，再隨著信徒增加，擴大了信徒範圍，信徒分布範圍越大，其影響力也越大。臺灣傳統社會中的寺廟是扮演多種功能的地方，寺廟所在位置通常是聚落的中心，或是繁華的街肆精華區，也是移民們的心靈寄託，更可能做爲議事場所，或傳達官府政令公告之地。開放空間的寺廟也肩負了娛樂教化的職責，是同時集合了商業、信仰、政治和教育等功能的場所。〔註 2〕如

〔註 1〕周婉窈，《臺灣歷史圖説》（臺北：聯經出版社，1998），頁 52。
〔註 2〕康諾錫，《臺灣廟宇圖鑑》（臺北：貓頭鷹出版社，2004），頁 5。

此多功能職責的空間場所，與聚落居民的生活息息相關，成爲臺灣在地文化的縮影，臺灣史可說是寺廟史的濃縮。〔註3〕因此，研究地方寺廟，不只是瞭解地方開發史的捷徑，也是瞭解鄉土的入門。除了研究寺廟功能和建廟沿革外，寺廟中的文物也是瞭解臺灣文化的途徑之一。舉凡寺廟中的神像、供器和匾聯、碑碣，從落款文字中均可傳達歷史訊息，成爲佐證歷史文獻的依據，進而重現鄉土文化，深入瞭解臺灣民間信仰。

影響力大的寺廟，因爲歷史悠久，通常都是古蹟，臺灣寺廟中影響力最大的當推媽祖廟。許多媽祖廟不只有廣大的信仰圈，也有悠久的歷史，長久守護著鄉土，廣受地方信徒愛戴，將媽祖冠上地方鄉土名稱，如：新港媽、北港媽、大甲媽、臺中媽、旱溪媽、大庄媽……等等，表示出信徒對守護鄉土的媽祖無限的感恩與孺慕之情。臺中梧棲的浩天宮，便是被信徒稱爲大庄媽的鄉土守護神，從建廟以來一直默默守護著鄉土，是梧棲地區重要的媽祖信仰中心，其廟宇在民國99年（2010）3月10日被臺中市文化局指定爲歷史建築，〔註4〕在歷史文化和建築藝術方面有高度保存價值，研究大庄浩天宮，對地方鄉土史有很大的意義。

第一節　研究動機與研究回顧

過去研究臺灣歷史時，常囿於文獻史料，過分倚重地方史志，致使在研究臺灣史時，不僅鄉土村莊史被忽略，古蹟和文物則更鮮被用來輔助歷史研究。然而古蹟建築和傳世文物皆爲歷史產物，都是歷史的證物，除了研究文物本體之外，亦可透過文物的工藝、花紋、形制、功用來側面了解歷史，進而深入闡述歷史的社會發展過程和規律，這便是研究文物學的最大任務。〔註5〕善用文物來驗證歷史，既可補充文獻史料的遺缺，也可糾正文字史料之謬誤，文物與文獻應是大歷史中的一體兩面，兩者應相輔相成。「以物證史」能瞭解更多臺灣文化內涵，對研究地區性聚落開發與社會型態有莫大助益，能補充鄉土村莊史之不足，充實在地文化。

對於媽祖的研究堪稱「顯學」，從媽祖信仰的形成到媽祖信仰與臺灣社會

〔註3〕卓克華，《從寺廟發現歷史》（臺北：揚智文化，2003），頁8。

〔註4〕臺中市文化資產處網站（瀏覽日期2014/09/22）http://www.tchac.taichung.gov.tw/monuments/Details.aspx?Parser=99,5,28,,,,105,,,,1

〔註5〕李曉東，《中國文物學概論》（石家莊：河北人民出版社，1993），頁6。

發展的相關議題，均有相當多前輩學者投入，惟在媽祖文物的專題調查研究付之闕如。在臺灣開發史的研究方面，臺中梧棲地區的研究多是著眼於梧棲開港前後的地區發展與變遷，在宗教信仰的研究較缺乏，梧棲鄉土寺廟的調查研究則未曾有過。梧棲是臺中濱海的鄉鎮之一，居民以泉籍爲主，媽祖是當地居民的共同信仰，當地有兩個媽祖信仰系統，一個是「湄洲媽」系統的朝元宮，另一個就是「大庄媽」系統的浩天宮，〔註6〕均是梧棲地區居民重要的信仰中心。被信徒稱爲「大庄媽」的浩天宮，相傳已建廟二百餘年，其區域性宗教組織涵蓋了大肚中保（範圍包括今臺中市的梧棲區全部、沙鹿區南部及龍井區北部），與大甲媽鎮瀾宮的信仰圈相連接，是中部濱海地區重要的媽祖信仰，地區影響力不可小覷。民國99年（2010）浩天宮廟宇已被臺中市文化局指定爲歷史建築，廟宇中擁有的傳世文物有神像、供器、匾額與碑碣，經過調查登錄後，對研究浩天宮之建廟沿革有很大助益，對梧棲開發史和梧棲鄉土、文化能有更深入的瞭解。

一、梧棲開發史研究回顧

梧棲舊名「五汉」，是臺中濱海的港口，從地理位置劃分，習慣將之稱爲「海線」地區。關於梧棲地區的開發研究，專書方面最早有陳翠黛翻譯的《梧棲鄉土讀本》，〔註7〕這本書原是昭和7年（1932）由梧棲公學校所印行，書中簡略地整理了梧棲的開發史。還有戴寶村的《臺中港開發史》（1987），〔註8〕書中對梧棲地區的開發，由平埔族先住民的活動開始說起，一直到日治時期成爲特別輸出入港「新高港」的過程，將梧棲地區的市鎮型態轉變做了詳細文獻梳理，是理解梧棲開發的基本研究。再有洪敏麟的《五汉港聚落圖說》（1994），〔註9〕此書中將梧棲地區的新舊地名做了對照，在研究梧棲古今文獻時，可提供相關地名沿革資訊。再者，梧棲爲一濱海港口，梧棲港的城鎮機能轉變與港口起落，攸關於梧棲當地之聚落興衰，這方面的研究以林玉茹的《清代臺灣港口的空間結構》（1996）〔註10〕一書最爲完整，該書

〔註6〕王立任，《歷史建築大庄浩天宮調查研究計畫期末報告書》（臺中：臺中縣立港區藝術中心，2002），頁33。

〔註7〕陳翠黛譯，《梧棲鄉土讀本》（臺中：臺中縣梧棲鎮公所，2001）。

〔註8〕戴寶村，《臺中港開發史》（豐原：臺中縣立文化中心，1987）。

〔註9〕洪敏麟，《五汉港聚落圖說》（臺中：臺中縣梧棲鎮農會，1994）。

〔註10〕林玉茹，《清代臺灣港口的空間結構》（臺北：知書房出版，1996）。

中有關於梧棲港的興起年代，為研究梧棲港的重要研究參考。另有研究臺中濱海城鎮的專書，以黃秀政的《臺中縣海線開發史》（2000）〔註11〕最詳細，書中將臺中海線地區八個城鎮，清水、大甲、外埔、沙鹿、龍井、大肚、大安、梧棲等地區的開發過程都做了詳細記錄；書中還有這八個城鎮的面積、人口數、住民祖籍等移民入墾記錄，提供了對海線開發沿革研究的基礎資料，對進一步研究梧棲地區的開發與地方族群互動有相當助益。還有王仲孚總編纂的《梧棲鎮志》（2005），〔註12〕書中對梧棲的總體開發沿革、社會發展、經濟變遷、宗教習俗均有詳細書寫，是研究梧棲開發史不可或缺的基本材料。

在期刊論文方面，研究梧棲開發史為主題的不多，最早應是黃海泉的〈梧棲沿革誌〉（1955），〔註13〕該文將梧棲自道光年後的港口興衰細說分明，對釐清梧棲港的經濟發展有相當參考價值。梧棲自開港後對外貿易出口量大增，出口最大宗貨物為樟腦，因此探討樟腦事業發展的主題亦有與梧棲相關的論文。如陳世慶的〈釁啟於梧棲港之樟腦糾紛始末〉（1955），〔註14〕及陳夢痕的〈臺灣樟腦案件始末〉（1959），〔註15〕兩篇論文為同一位作者，談的均是發生於同治 7 年（1868）的洋人私買樟腦事件，〔註16〕事件發生

〔註11〕 黃秀政，《臺中縣海線開發史》（豐原：臺中縣立文化中心，2000）。

〔註12〕 王仲孚總編纂，《梧棲鎮志》（臺中：臺中縣梧棲鎮公所，2005）。

〔註13〕 黃海泉，〈梧棲沿革誌〉，收錄於苗栗縣、臺中縣、彰化縣文獻會編，《中國方志叢書臺灣地區臺灣省苗中彰三縣文獻》（臺北：成文出版社，1983，據臺中縣文獻委員會編印民國 44 年排印本影印），頁 201～205。

〔註14〕 陳世慶（字夢痕），〈釁啟於梧棲港之樟腦糾紛始末〉，收錄於苗栗縣、臺中縣、彰化縣文獻會編，《中國方志叢書臺灣地區臺灣省苗中彰三縣文獻》（臺北：成文出版社，1983，據臺中縣文獻委員會編印民國 44 年排印本影印），頁 184～189。

〔註15〕 陳夢痕，〈臺灣樟腦案件始末〉，《臺北文物》，8：3（臺北，1959.10），頁 36～39。

〔註16〕 臺灣為樟腦輸出地，利潤很高，向為洋商所喜。同治 2 年（1863）清廷設局官辦，引起洋商不滿。同治 5 年（1866）英國領事要求恢復樟腦自由買賣未果，同治 7 年（1868）英商怡記洋行（Elles）代表必麒麟（Pickering）在五汊港私設洋棧私買樟腦，後被鹿港同知栽留，造成損失。英國不甘蒙受貿易損失，遂派軍艦砲轟突襲安平港，逼迫清廷廢除樟腦官辦。最後，清廷不敵英國武力而讓步，同年年底再度廢除樟腦官辦。詳見陳世慶，〈釁啟於梧棲港之樟腦糾紛始末〉，收錄於苗栗縣、臺中縣、彰化縣文獻會編，《中國方志叢書臺灣地區臺灣省苗中彰三縣文獻》（臺北：成文出版社，1983，據臺中縣文獻委員會編印民國 44 年排印本影印），頁 184～189。

地在梧棲。從事件發生的過程，可看到梧棲在當時的貿易地位，有助於釐清梧棲的貿易發展，也可輔助瞭解梧棲的城鎮機能。另有以梧棲港開發為主題的研究論文，如戴寶村的〈梧棲港開發史研究——清代至日據時期〉（1988），〔註17〕該文專論梧棲港的開發，可做為研究梧棲地區經濟發展的佐證資料。再有以古文書、契字為素材，研究梧棲開發史的論文，有洪麗完的〈清代梧棲港開墾史的三件古契字〉（1989）、〔註18〕〈從一張古文書管窺清代的梧棲港〉（1989）、〔註19〕〈關於梧棲鐘藏古文書的幾點觀察〉（1990）〔註20〕等。這三篇論文是以古文書為研究素材，用古文書來佐證梧棲地區的開發史。從古文書中可以看到地方志書沒有記錄的事，是研究鄉土史的第一手資料。在這三篇論文提供的古文書中，不只可以推斷梧棲地區的拓墾時間，也能從中看到梧棲地區的經濟狀況，以及族群之間的互動關係，可做為研究梧棲地區的起始史料。此外，還有王靜儀的〈梧棲水陸交通發展與臺中港開港〉（2002），〔註21〕內容以梧棲對外交通和探討開港前後梧棲的城鎮機能變化為主，可做為梧棲城鎮機能轉變的相關研究材料。

在學位論文方面，以梧棲地區開發為主題的有潘惠珠的〈梧棲鎮的空間發展與演變〉（2002），〔註22〕這本論文以地理空間的角度，探討梧棲街市在各個歷史時期的城鎮機能變化，對歷史發展雖有論述，但多著眼在地裡空間的演變，對鄉土社會文化的著墨較少。再有蔡佳妏的〈清代梧棲地區的開發〉（2007），〔註23〕此論文對梧棲地區的開發史，從平埔族居住時間開始，一直到漢人入墾的過程都做了詳細的描述，對日治時期梧棲港的建設也有專章論

〔註17〕戴寶村，〈梧棲港開發史研究——清代至日據時期〉，《東海大學歷史學報》，9（臺中，1988.07），頁 105～133。

〔註18〕洪麗完，〈清代梧棲港開墾史的三件古契字〉，《臺灣史田野研究通訊》，11（臺北，1989.06），頁 20～24。

〔註19〕洪麗完，〈從一張古文書管窺清代的梧棲港〉，《臺灣史田野研究通訊》，13（臺北，1989.12），頁 8～10。

〔註20〕洪麗完，〈關於梧棲鐘藏古文書的幾點觀察〉，《臺灣史田野研究通訊》，14（臺北，1990.03），頁 29～39。

〔註21〕王靜儀，〈梧棲水陸交通發展與臺中港開港〉，《興大人文學報》，32（下）（臺中，2002.06），頁 919～943。

〔註22〕潘惠珠，〈梧棲鎮的空間發展與演變〉（國立高雄師範大學地理學系碩士論文，2002）。

〔註23〕蔡佳妏，〈清代梧棲地區的開發〉（國立臺灣師範大學歷史系在職進修班碩士論文，2007）。

述，最後也對梧棲的漢人社會狀況做了書寫，並寫到了梧棲的寺廟與祭祀圈，但對此未能有深入探討。另有楊惠玼的〈清代至日治時期梧棲港街的發展與貿易變遷〉（2011），[註24] 該論文以梧棲港街的發展型態爲主題，探討梧棲港街的貿易興衰變遷，凸顯梧棲港街的區域特性，對梧棲港街外在的城鎮機能有完整論述，但缺少對梧棲地區內在文化的論述。其他以梧棲地區爲主題的碩博士論文多非歷史學門的研究，有些屬於建築學系，有些則爲環境生物與漁業科學學系或管理學系，以歷史角度探討梧棲開發史的論文尚屬少數。

二、浩天宮研究回顧

浩天宮位於臺中市梧棲區中央路一段784號，是一座歷史悠久的媽祖廟，當地信徒將浩天宮媽祖暱稱爲「大庄媽」，其信仰區域原本以大庄、大村、福德三里爲主，後逐漸擴大，不只梧棲一地，也包含了沙鹿和龍井部分地區，稱「五十三庄」。[註25]

針對浩天宮爲主題的研究很少，在已出版的專書方面，僅有王立任的《歷史建築大庄浩天宮調查研究計畫期末報告書》（2002），[註26] 另有曾文吉建築師事務所的《歷史建築大庄浩天宮調查研究及修復再利用計畫》，[註27] 在期刊論文方面則尚未有過。在《歷史建築大庄浩天宮調查研究計畫期末報告書》這本書中，除了有梧棲地區的開發簡史外，最主要便是對浩天宮的研究。書中對浩天宮的建廟沿革做了文獻的梳理，也詳細對浩天宮的寺廟組織做了介紹，對浩天宮的建築藝術著墨也很多，最後有專章記錄了浩天宮的碑碣、匾額、楹聯等文物，是目前對浩天宮最完整的記錄。雖然這本書對浩天宮記錄完備，對廟宇的傳世文物也有基本研究，但文物的詮釋方面較缺乏，從「以物證史」的研究來說，尚有可著墨的空間。

另外，以梧棲寺廟爲研究主題的論文不多，但曾有對梧棲其他寺廟研究的論文。梧棲另一座媽祖廟爲朝元宮，與浩天宮同爲歷史悠久的廟宇，兩座

〔註24〕楊惠玼，〈清代至日治時期梧棲港街的發展與貿易變遷〉（國立暨南國際大學歷史學系碩士論文，2011）。

〔註25〕王仲孚總編纂，《梧棲鎮志》，頁601。

〔註26〕王立任，《歷史建築大庄浩天宮調查研究計畫期末報告書》（臺中：臺中縣立港區藝術中心，2002）。

〔註27〕臺中市政府文化局主辦，曾文吉建築師事務所執行，《歷史建築大庄浩天宮調查研究及修復再利用計劃》（臺中：臺中市文化資產處，2015年7月）。

宮廟有各自的信徒範圍。朝元宮的相關研究較浩天宮多，雖無專書，但期刊論文有陳聰民的〈梧棲鎮朝元宮初探〉（1998）﹝註 28﹞一文，該文論述了朝元宮的建廟沿革，記錄了廟宇中的文物，也對其信仰概況做了敘述，在研究宗教組織活動時可與浩天宮做一比較。再有李佳興的〈梧棲「朝元宮」匾聯調查〉（2008），﹝註 29﹞文章中記錄了朝元宮的匾聯文字，但缺乏文物詮釋。此外，還有針對梧棲眞武宮的調查研究，有卓克華的〈臺中縣梧棲鎮眞武宮的歷史調查與研究〉（2007），﹝註 30﹞眞武宮爲祀奉玄天上帝的廟宇，文章中曾依據日治時代的寺廟調查書，將梧棲廟宇的創建年代做了梳理。其中提到「浩天宮（咸豐 6 年，1856 年）」，又說到「梧棲鎮大多數可考的廟宇，均創建於道光年間」，﹝註 31﹞在梳理浩天宮建廟沿革時，是可以比對的資料。

三、媽祖文物研究回顧

媽祖信仰雖是臺灣民間信仰中信徒最多的，供奉媽祖的廟宇也不在少數，但自從研究媽祖成爲顯學之後，在研究範疇方面，多是著眼於宗教性，以社會學或是人類學的角度爲研究視角，而從歷史學研究的論述較少。特別是在文物研究方面，廟宇的傳世文物被拿來做爲研究主題時，大多數以藝術造像或工藝形制爲論述主軸，均將文物視爲「財產」看待，只將文物記錄登錄而已，絕少進一步做文物的歷史詮釋，故以媽祖文物爲研究主題的材料雖不少，但以歷史學爲視角的研究並不多。

（一）專　書

在專書方面，多是爲宮廟私有傳世文物而做的整理圖錄，有林洸沂編的《歷代媽祖金身在新港》（2002），﹝註 32﹞該書將新港奉天宮的媽祖神像以圖錄編列成冊。還有國立歷史博物館出版的《臺灣媽祖文化展》（2008），﹝註 33﹞

﹝註 28﹞陳聰民，〈梧棲鎮朝元宮初探〉，《臺灣文獻》，49：4（南投，1998.12），頁 337～366。

﹝註 29﹞李佳興，〈梧棲「朝元宮」匾聯調查〉，《東海大學圖書館館訊》，87（臺中，2008.12），頁 31～52。

﹝註 30﹞卓克華，〈臺中縣梧棲鎮眞武宮的歷史調查與研究〉，《中縣文獻》，11（臺中，2007.09），頁 103～134。

﹝註 31﹞卓克華，〈臺中縣梧棲鎮眞武宮的歷史調查與研究〉，頁 107。

﹝註 32﹞林洸沂，《歷代媽祖金身在新港》（嘉義縣新港鄉：新港文教基金會編，2002）。

﹝註 33﹞國立歷史博物館編輯委員會編輯，《臺灣媽祖文化展》（臺北：國立歷史博物

以及國立自然科學博物館出版的《流動的女神——臺灣媽祖進香文化特展》（2011）兩本書，〔註34〕皆是爲了配合媽祖文化進香活動而編錄的專書，書中將所有參與的宮廟所提供的自家傳世文物整理成圖錄發行。在這兩本書中蒐羅了臺灣許多知名的媽祖廟文物，有神像、各式供器、進香文物等等，均以精美圖錄呈冊。這些媽祖文物雖有系列地編列並加以說明，卻少有文物的歷史詮釋，在研究浩天宮文物時，可採擷相關圖錄做爲對照參考。

（二）期刊論文

1. 神　像

在期刊論文方面，以神像爲主題的研究最多。最早有聖母廟董事會的〈鹿耳門天上聖母神像暨聖母廟遺跡辯正〉（1961），〔註35〕該文主要是從傳世神像來證明廟宇正統性，以釐清爭議。另有許炳南的〈鹿耳門天上聖母像之考據〉（1961），〔註36〕亦是神像與史料相互驗證，以確定正統地位，從文物學來說，這也算是「以物證史」的例子。再有劉文三在《臺灣神像藝術》一書中，有專章〈天上聖母——媽祖〉（1992），〔註37〕這裡提供了臺南媽祖廟的媽祖神像圖片。還有黃敦厚的〈大甲鎮瀾宮神像考〉（2005），〔註38〕這篇文章以大甲媽的神像爲主要研究對象，可做爲對媽祖像的基本認識。另有陳清香的〈北港朝天宮供像造形初探——以正殿媽祖像和觀音殿觀音像爲例〉（1997）、〔註39〕〈臺灣媽祖造像風格的遞變〉（2002）〔註40〕兩篇專論，謝

館，2008）。

〔註34〕 黃旭主編，《流動的女神——臺灣媽祖進香文化特展》（臺中：國立自然科學博物館，2011）。

〔註35〕 聖母廟董事會，〈鹿耳門天上聖母神像暨聖母廟遺跡辯正〉，《臺灣風物》，11：7（臺北，1961.07），頁7～11。

〔註36〕 許炳南，〈鹿耳門天上聖母像之考據〉，《臺灣風物》，11：7（臺北，1961.07），頁12～15。

〔註37〕 劉文三，〈天上聖母——媽祖〉，見氏著，《臺灣神像藝術》（臺北：藝術家出版社，1992），頁85～93。

〔註38〕 黃敦厚，〈大甲鎮瀾宮神像考〉，《民俗與文化》，1（臺中，2005.09），頁5～17。

〔註39〕 陳清香，〈北港朝天宮供像造形初探——以正殿媽祖像和觀音殿觀音像爲例〉，見財團法人北港朝天宮董事會、臺灣省文獻委員會編，《媽祖信仰國際學術研討會論文集》（南投：財團法人北港朝天宮董事會、臺灣省文獻委員會，1997），頁142～168。

〔註40〕 陳清香，〈臺灣媽祖造像風格的遞變〉，見陳志聲、陳維德、薛雅文總編輯，《媽祖國際學術研討會論文集》（臺中縣清水鎮：中縣文化局，2010），頁151～167

宗榮的〈媽祖的神格及其造像藝術〉（2008）、〔註41〕李奕興的〈百變造像，金身如一——臺灣媽祖造像的形式與特徵〉（2011）、〔註42〕〈鹿港新舊祖宮媽祖造像的形式與特徵〉（2011）〔註43〕兩篇論文，及林春美的〈兩尊臺灣南部的早期鎮殿媽造像〉（2012）〔註44〕等文，皆以媽祖神像爲研究主題，對媽祖的造形、服飾做了討論與分析，是研究媽祖神像的重要參考。

2. 供　器

在供器研究方面以香爐最多，以媽祖廟香爐爲主題的有黃翠梅、李建緯合著的〈臺灣媽祖廟早期金屬香爐形制初探——以臺南市大天后宮爲中心〉（2011），〔註45〕還有李建緯的〈爐香乍爇，瑤宮蒙熏——彰化南瑤宮古香爐之形制年代與其意涵探討〉（2012）、〔註46〕〈臺南市大天后宮早期金屬香爐形制與源流考〉（2012）〔註47〕、〈臺灣西部媽祖廟既存石香爐調查與研究〉（2013），〔註48〕三篇專論媽祖廟香爐的研究。

3. 匾額與碑碣

至於以媽祖廟的匾額爲研究主題的論文，有劉福鑄的〈從清代臺灣媽祖宮廟題匾看媽祖的助戰功能〉（2009）、〔註49〕李建緯的〈臺灣媽祖廟中所見

〔註41〕謝宗榮，〈媽祖的神格及其造像藝術〉，《國立歷史博物館館刊》，18：3=176（臺北，2008.03），頁52～59。

〔註42〕李奕興，〈百變造像，金身如一——臺灣媽祖造像的形式與特徵〉，見黃旭主編，《流動的女神——臺灣媽祖進香文化特展》（臺中：國立自然科學博物館，2011），頁53～59。

〔註43〕李奕興，〈鹿港新舊祖宮媽祖造像的形式與特徵〉，見彰化縣文化局編，《彰化媽祖信仰學術研討會論文集》（彰化市：彰化縣文化局，2011），頁57～67。

〔註44〕林春美，〈兩尊臺灣南部的早期鎮殿媽造像〉，《南藝學報》，5（臺南，2012.12），頁65～105。

〔註45〕黃翠梅、李建緯，〈臺灣媽祖廟早期金屬香爐形制初探——以臺南市大天后宮爲中心〉，見《第三屆海峽論壇——媽祖學術研討會論文匯編》（福建省莆田市：莆田學院媽祖文化研究中心，2011年6月），頁212～253。

〔註46〕李建緯，〈爐香乍爇，瑤宮蒙熏——彰化南瑤宮古香爐之形制年代與其意涵探討〉，見王志宇主編，《2012彰化媽祖信仰學術研討會論文集》（彰化：彰化縣文化局，2012年11月），頁117～151。

〔註47〕李建緯，〈臺南市大天后宮早期金屬香爐形制與源流考〉，見彭文宇主編，《媽祖文化研究論叢（I）》（北京：人民出版社，2012），頁202～216。

〔註48〕李建緯，〈臺灣西部媽祖廟既存石香爐調查與研究〉，《臺灣文獻》，64：4（南投，2013.12），頁34～90。

〔註49〕劉福鑄，〈從清代臺灣媽祖宮廟題匾看媽祖的助戰功能〉，《廣東海洋大學學報》，29：5（廣州，2009.10），頁20～25。

「與天同功」匾之風格與工藝問題〉（2013）、〔註50〕〈臺灣媽祖廟現存「御匾」研究：兼論其所反映的集體記憶與政治神話〉（2014）〔註51〕兩篇專論。

以碑碣爲研究主題的則有孟祥瀚的〈由「卑南天后宮置產碑記」論清末臺東社會與經濟的發展〉（1997），〔註52〕該文以碑文做爲歷史文獻，用來論述臺東地區的社會經濟。另有黃騰華、李小穩的〈清代臺灣地區的媽祖碑刻述論〉（2008）一文，亦是將碑文做爲史料探討當時的社會民情。〔註53〕以及王志宇的〈信仰與教化——清代臺灣媽祖碑記的一種解讀〉（2009），〔註54〕該論文從媽祖廟的碑記解讀來建構社會文化空間，使媽祖廟的碑記成爲史料。

從以上關於媽祖廟文物的研究回顧可以發現，許多論文皆是近五年才出現的，且多數是媽祖文化學術研討會的研究論文，可見對媽祖廟內傳世文物的研究已經逐漸受到重視，文物研究應用於歷史的重要性已開始提升。

（三）學位論文

在學位論文方面，以媽祖爲主題的論文爲數頗多，但多以文化資產、觀光，或社會學、文學的角度做研究，以媽祖文物爲歷史研究主題的論文較少。有王永裕碩士論文〈臺灣媽祖造像群之圖像藝術研究〉（2002），〔註55〕是一本以媽祖造像爲研究主題的論文，透過圖像、符號及文化分析探討媽祖造像的藝術性。還有趙淑芬的〈大甲媽祖進香儀式中刺繡文物研究〉（2003）、〔註56〕吳榮賜的〈臺灣媽祖造像美學研究〉（2005），〔註57〕均著眼在審美

〔註50〕 李建緯，〈臺灣媽祖廟中所見「與天同功」匾之風格與工藝問題〉，見林正珍主編，《2013臺中媽祖國際觀光文化節——媽祖國際學術研討會論文集》（臺中：中市文化局，2013年11月），頁309～337。

〔註51〕 李建緯，〈臺灣媽祖廟現存「御匾」研究：兼論其所反映的集體記憶與政治神話〉，《民俗曲藝》，186（臺北，2014.12），頁103～179。

〔註52〕 孟祥瀚，〈由「卑南天后宮置產碑記」論清末臺東社會與經濟的發展〉，《臺東文獻》，復刊1（臺東，1997.05），頁6～15。

〔註53〕 黃騰華、李小穩，〈清代臺灣地區的媽祖碑刻述論〉，《福建省社會主義學院學報》，2008：01（福州市，2008.02），頁52～56、103。

〔註54〕 王志宇的〈信仰與教化——清代臺灣媽祖碑記的一種解讀〉，見陳志聲總編輯，《媽祖國際學術研討會——媽祖、民間信仰與文物論文集》（臺中縣清水鎮：中縣文化局，2009年5月），頁367～410。

〔註55〕 王永裕，〈臺灣媽祖造像群之圖像藝術研究〉（南華大學美學與藝術管理研究所碩士論文，2002）。

〔註56〕 趙淑芬，〈大甲媽祖進香儀式中刺繡文物研究〉（國立臺北藝術大學傳統藝術研究所碩士論文，2003）。

〔註57〕 吳榮賜，〈臺灣媽祖造像美學研究〉（淡江大學中國文學系碩士班論文，2005）。

與內在文化意涵，與歷史學看文物的視角不同。再有張秉鈞的〈大甲鎮瀾宮媽祖造形之研究探討〉（2010），〔註58〕內容與創意商品有關；還有陳恒吉的〈中臺灣媽祖變轎造形研究〉（2010），〔註59〕內容亦是與工業設計有關。

此外，還有以單一媽祖廟為研究主題的論文，這類論文較多，有賴惠敏的〈苗栗客家地區的媽祖信仰——以苗栗銅鑼天后宮為例〉（2007）、〔註60〕潘文欽的〈宜蘭媽祖信仰重鎮—蘇澳南天宮之研究〉（2011）、〔註61〕沈佩璇的〈媽祖研究——以鹿港天后宮為例〉（2011）、〔註62〕劉玟妤的〈媽祖信仰與文化觀光——以臺中萬春宮為例之研究〉（2014）〔註63〕……等等論文。這些論文都鎖定一座宮廟，研究與宮廟相關的歷史、社會信仰之議題，但對於地方鄉土史的論述較不足，至於對廟宇中的傳世文物也沒有記錄。

從以上研究回顧可知，目前對媽祖的研究雖多，但對文物研究的部分以神像較多，其餘對供器和匾額、碑碣的研究較少，以文物詮釋來佐證歷史的研究也很缺乏，尚有「以物證史」的視角為研究主題的發展空間。

第二節 研究方法與章節架構

本論文以梧棲大庄的浩天宮為研究主題，以梧棲地區的開發為發端，將梧棲地區逐漸建立大庄聚落做文獻整理，藉以探討浩天宮的建廟沿革。同時對浩天宮的傳世文物逐一調查登錄，再針對文物做詮釋，最後與歷史文獻相互比對、驗證，稽考梧棲大庄浩天宮的歷史與文物價值。

〔註58〕張秉鈞，〈大甲鎮瀾宮媽祖造型之研究探討〉（大同大學工業設計學研究所碩士論文，2010）。

〔註59〕陳恒吉，〈中臺灣媽祖變轎造形研究〉（南華大學應用藝術與設計學研究所碩士論文，2010）。

〔註60〕賴惠敏，〈苗栗客家地區的媽祖信仰——以苗栗銅鑼天后宮為例〉（國立交通大學客家文化學院客家社會與文化教師碩士在職專班碩士論文，2007）。

〔註61〕潘文欽，〈宜蘭媽祖信仰重鎮——蘇澳南天宮之研究〉（佛光大學樂活生命文化學系碩士論文，2011）。

〔註62〕沈佩璇，〈媽祖研究——以鹿港天后宮為例〉（靜宜大學中國文學系碩士論文，2011）。

〔註63〕劉玟妤，〈媽祖信仰與文化觀光——以臺中萬春宮為例之研究〉（中臺科技大學文教事業經營研究碩士論文，2014）。

一、研究方法

本論文首先蒐集與浩天宮有關的歷史文獻，將浩天宮的建廟沿革做文獻梳理，再整理田野調查所獲成果，將浩天宮中的傳世文物做記錄，最後以考古類型學做文物年代分析，以歸納總結浩天宮之歷史與文物價值。本論文採用三個方法步驟進行：

（一）史料蒐集與梳理

要做歷史研究最重要的第一件事便是蒐集史料，有了相關資料方能進行下一步的研究，整理出浩天宮的歷史背景。筆者首先要蒐集清代與日治時期的文獻資料，包括方志、輿圖、古文書、宗教調查書、報紙等相關史料，再依照時間先後排序，接著與近代前輩學者的研究成果比對，以期梳理出關於梧棲浩天宮的歷史脈絡。

（二）田野調查

本論文以浩天宮的傳世文物調查為基礎，透過實地的田野調查，取得研究的第一手資料。調查工作首先將浩天宮之傳世文物拍照登錄，並以文字記錄文物的尺寸、外觀、銘文刻記及保存狀況，以備做進一步的研究分析。於此同時，與廟方人員進行訪談，詢問文物的相關訊息，以口述補充文物歷史，期能與文獻相互印證，達到證史、正史、補史之功效。

（三）考古類型學比較

關於寺廟中傳世文物的年代問題，可透過幾個線索的交叉比對後，再加以確認，如：年款、贊助人、銘文所見寺廟稱謂、歷史文獻（文字或圖像資料）、口述歷史、工藝技法、器表外觀、器物類型與風格分析、科學技術檢測等方法。〔註64〕由於寺廟中的傳世文物通常缺乏明確的年代記錄，無法直接做年代判斷，只能從文物的器型風格、紋飾、風化痕跡等跡證來判斷年代。考古學者在考古發掘的文物中，經常出現無任何文字銘刻的器物，當文物缺少銘刻及文獻記錄而無從斷定年代時，可將一件已確定年代的相同器物做為標準器，再將未知年代的器物與之對照，比對器物的類型、風格，即可確定

〔註64〕文物的年代判定應依不同狀況採用不同方法，有年代銘刻標示者為絕對年代，如無文字銘刻則可依風格類型判定相對年代，若能採用多種方式交叉比對，則可得出更可靠的結論。詳見盧泰康、李建緯，〈臺灣古蹟中既存古物調查的現況與反思〉，《文化資產保存學刊》，25（臺北，2013.11），頁95～115。

器物的相對年代。考古學家經常透過這個方法來判定器物的相對年代，並認爲這個方法「在大多數情況下都是可靠的。」〔註65〕因此，本論文將調查所獲成果與其他相同文物做考古類型學比較，做爲年代判斷的依據。

二、研究資料

（一）歷史文獻

本論文除了援引前輩學者的研究，尚有許多歷史文獻可資運用。梧棲毗鄰沙鹿（沙轆）、清水（牛罵）、龍井（龍目井），自清領以來，歷經多次行政區域調整。康熙年間隸屬臺灣府諸羅縣管轄，雍正年間改隸屬於臺灣府彰化縣，乾隆初年行政區增設，梧棲爲臺灣府彰化縣貓霧捒保〔註66〕管下。乾隆中葉後，先改隸於臺灣府彰化縣大肚保，後改隸貓霧捒西保。〔註67〕道光時

〔註65〕（英）科林·倫福儒、保羅·巴恩著，中國社會科學院考古研究所譯，《考古學：理論、方法與實踐》（北京：文物出版社，2004），頁121。

〔註66〕「保」與「堡」字在臺灣地方行政區中常有混用，據陳哲三教授考辨，道光年周璽云「保，即保甲之義也」是千古不變的史實。臺灣地方行政區劃，「保」字才是正確的字。自道光年間柯培元的《噶瑪蘭志畧》誤用「堡」字後，咸豐年間陳淑均《噶瑪蘭廳志》、同治陳培桂《淡水廳志》、光緒沈茂蔭《苗栗縣志》、不著撰人《新竹縣采訪冊》、倪贊元《雲林縣采訪冊》全用「堡」字。到光緒12年（1886）劉銘傳清賦時的丈單，其土地坐落只有兩個單位，即「里、堡」，只要不是里，便是「堡」。日治時沿用錯誤的「堡」字，官方民間全用「堡」字。詳見陳哲三，〈清代臺灣地方行政中「保」與「堡」考辨〉，《古文書與臺灣史研究——陳哲三教授榮退論文集》（臺北：文史哲出版社，2008），頁159～206。本文參照陳哲三教授說法，在引用文獻時，以原文獻所用之字爲準。

〔註67〕在乾隆29年（1764）余文儀主修的《續修臺灣府志》〈坊里〉中記錄彰化縣「舊十保，管一百一十莊；今新分及加增共一十六保、一百三十二莊。」但只記錄有「貓霧捒東保（距縣二十五里）、貓霧捒西保（距縣二十五里）、半線保（距縣十里）、燕霧保（距縣十里）、大武郡東保（距縣三十里）、大武郡西保（距縣三十里）、東螺保（距縣四十里）、西螺保（距縣五十里）、布嶼稟保（距縣六十里）、海豐港保（距縣七十里）、二林保（距縣五十里）、深坑仔（距縣五十五里）、馬芝遴保（距縣五十里）、鹿仔港保（距縣二十里）、水沙連保（距縣六十里）」等十五保，而沙轆新莊及牛罵新莊係貓霧捒西保內。據陳哲三教授考據，余志所少的保是貓羅保。見陳哲三，〈古文書對草屯地區歷史研究之貢獻〉，收於氏著《古文書與臺灣史研究——陳哲三教授榮退論文集》（臺北：文史哲出版社），2008，頁23～44。另余志在〈街市〉中又記錄「大肚街：在大肚西保，距縣北十五里。更北爲沙轆社，有沙轆街；又北爲牛罵社牛罵街」。大肚西保並未出現在〈坊里〉中。詳見〔清〕余文儀，《續修臺灣府志》，頁73～74、81、89。

又調整爲臺灣府彰化縣大肚中保。光緒 13 年（1887）臺灣正式設省，改隸臺
灣府臺灣縣大肚中堡。到日治後又調整行政區域，明治 28 年（1895）隸於臺
灣民政支部所轄大肚中堡，明治 30 年（1897）改爲臺中縣梧棲港辦務署轄下
大肚中堡，明治 32 年（1899）又改爲臺中縣大肚辦務署轄下大肚中堡，明治
34 年（1901）再改爲臺中廳轄下塗葛堀支廳，明治 38 年（1904）改爲臺中廳
沙轆支廳梧棲港區，大正 9 年（1920）歸臺中州大甲郡梧棲街所轄，此後到
日治結束都沒有再變動。到了民國 34 年（1945），調整爲臺中縣大甲區梧棲
鎮，38 年（1949）爲臺中縣梧棲鎮，99 年（2010）後臺中縣市合併，改爲臺
中市梧棲區。目前轄有頂寮里、下寮里、中和里、中正里、文化里、安仁里、
草湳里、南簡里、福德里、大庄里、大村里、興農里、永寧里、永安里共十
四個里。【圖 1-1】

　　在研究梧棲地區開發史時，首要參考清代地方方志與清代地理輿圖，〔註68〕
再輔以梧棲古文書，〔註 69〕做爲梳理梧棲地方開發的基礎史料。此外，清同治
年發生的戴潮春事件，因起於臺灣中部，記錄戴案事件的書籍與清代文人的雜
著、文集亦有關於梧棲的記錄，從中可看到梧棲的地理位置及相關的港口功能，
也是提供研究梧棲城鎮機能的資料。〔註70〕

〔註68〕 清代志書與輿圖類書籍有：〔清〕蔣毓英，《臺灣府志》（南投：臺灣省文獻委
　　　　員會，2002）。〔清〕高拱乾，《臺灣府志》（臺北：臺灣銀行經濟研究室編印，
　　　　1960）。〔清〕周元文，《重修臺灣府志》（南投：臺灣省文獻委員會，1993）。
　　　　〔清〕周鍾瑄，《諸羅縣志》（南投：臺灣省文獻委員會，1999）。〔清〕劉良
　　　　璧，《重修福建臺灣府志》（南投：臺灣省文獻委員會，1993）。〔清〕范咸，《重
　　　　修臺灣府志》（南投：臺灣省文獻委員會，1993）。〔清〕余文儀，《續修臺灣
　　　　府志》（南投：臺灣省文獻委員會，1993）。〔清〕周璽，《彰化縣志》（南投：
　　　　臺灣省文獻委員會，1993）。〔清〕不著撰人，《臺灣府輿圖纂要》（南投：臺
　　　　灣省文獻委員會，1996）。〔清〕夏獻綸，《臺灣輿圖》（南投：臺灣省文獻委
　　　　員會，1996）。臺灣銀行經濟研究室編，《福建通志臺灣府》（南投：臺灣省文
　　　　獻委員會，1999）。
〔註69〕 收錄有梧棲地區相關古文書的書籍有：董倫岳撰文，《梧棲古文書史料專輯》（臺
　　　　中縣梧棲鎮：中縣梧棲鎮公所，2000）。洪麗完，《臺灣中部平埔族群古文書研
　　　　究與導讀·中冊》（豐原市：臺中縣立文化中心，2002）。張炎憲、曾品滄編，
　　　　《楊雲萍藏臺灣古文書》（臺北縣新店市：國史館發行，2003），頁 220～221。
〔註70〕 關於戴潮春事變相關記錄的書籍有：〔清〕林豪，《東瀛紀事》（南投：臺灣省
　　　　文獻委員會，1997）。蔡青筠，《戴案紀略》（南投：臺灣省文獻委員會，1997）。
　　　　文人的雜著文集有〔清〕姚瑩，《東槎紀略》（南投：臺灣省文獻委員會，1996）。
　　　　〔清〕陳盛韶，《問俗錄》（南投：臺灣省文獻委員會，1997）。〔清〕丁曰健，
　　　　《治臺必告錄》（南投：臺灣省文獻委員會，1997）。

圖 1-1　梧棲現行行政區圖

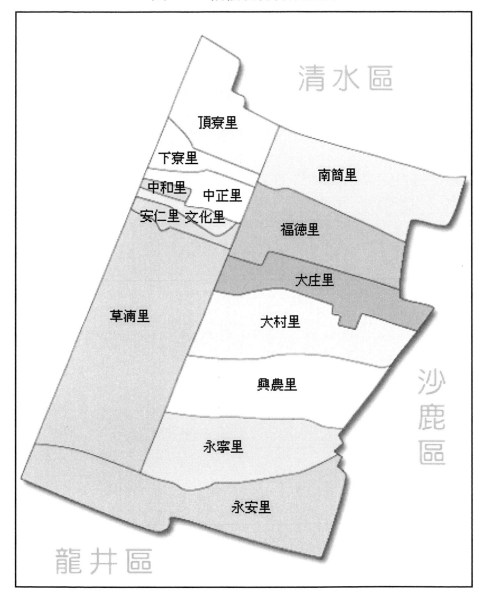

圖版：臺中市梧棲區公所網站/機關簡介/各里介紹（瀏覽日期 2014/10/14）
http://www.wuqi.taichung.gov.tw/ct.asp?xItem=240654&ctNode=10941
&mp=143010

表 1-1　清領～民國梧棲地區行政區域變動表

時　　間		行　政　區　名	備　註
清領	康熙 23 年（1684）	臺灣府諸羅縣沙轆牛罵社	〔清〕蔣毓英，《臺灣府志》，頁 11。
	雍正元年（1723）	臺灣府彰化縣	增設彰化縣
	乾隆 6 年（1741）	臺灣府彰化縣猫霧捒保沙轆莊、牛罵莊	〔清〕劉良璧，《重修福建臺灣府志》，頁 79。
	乾隆 29 年（1764）	猫霧捒西保沙轆新莊	〔清〕余文儀，《續修臺灣府志》，頁 74。
	道光 12 年（1832）	臺灣府彰化縣大肚中保	〔清〕周璽，《彰化縣志》，頁 48。
	光緒 13 年（1880）	臺灣府臺灣縣大肚中堡	臺灣建省
日治	明治 28 年（1895）	臺灣民政支部大肚中堡	王仲孚總編纂，《梧棲鎮志》，頁 105～110。
	明治 29 年（1896）	臺中縣大肚中堡	
	明治 30 年（1897）	臺中縣梧棲港辦務署大肚中堡	
	明治 32 年（1899）	臺中縣大肚辦務署大肚中堡	
	明治 34 年（1901）	臺中廳塗葛堀支廳	
	明治 38 年（1905）	臺中廳沙轆支廳梧棲港區	
	大正 9 年（1920）	臺中州大甲郡梧棲街	
民國	民國 34 年（1945）	臺中縣大甲區梧棲鎮	
	民國 38 年（1949）	臺中縣梧棲鎮	
	民國 99 年（2010）	臺中市梧棲區	臺中縣市合併

表註：清領時期時間爲志書修纂時間，非政令頒布時間。

（二）宗教調查書

　　本論文以寺廟爲研究主題，故在寺廟建廟沿革方面，日治時期的宗教調查書是不可缺少的資料，這部分以《寺廟臺帳》和《臺灣總督府公文類纂宗教史料彙編》〔註 71〕最爲重要，臺帳中對於浩天宮的建廟沿革有簡略說明，宗教史料彙編中則記錄有建廟年代。另可再查找梧棲地區其他廟宇的建廟沿革，以寺廟建立年代來稽考梧棲大庄聚落的形成年代，當可提供對浩天宮建

〔註71〕溫國良編譯，《臺灣總督府公文類纂宗教史料彙編：明治二十八年十月至明治三十五年四月》（南投市：省文獻會，1999）。

廟沿革更多佐證。

（三）媒體報紙

浩天宮是梧棲大庄地區重要的媽祖信仰系統，其區域性宗教組織與大甲鎮瀾宮一樣，均稱「五十三庄」，從清代建廟以來就是具地方影響力的廟宇，每有寺廟活動都是地方大事，當為地方信徒所談論的話題。因此，從媒體中應可查找浩天宮的相關活動資訊，日治時期臺灣的報紙媒體《臺灣日日新報》亦是可提供資料的文獻，並可從媒體報導中觀察浩天宮的社會功能。

三、章節架構

本論文共分為五個章節，是以歷史為背景，文物為基礎，再以兩者互證、互補，藉以探討梧棲浩天宮的歷史與文物價值，其架構與內容安排如下：

第一章，緒論。說明研究動機與研究方法，整理回顧相關議題的研究史，再說明採用的研究資料來源。

第二章，大庄浩天宮。進入本論文研究中心，第一節先梳理歷史文獻中的梧棲開發史，理清梧棲大庄聚落的歷史背景。第二節再針對浩天宮的建廟沿革做討論，第三節則討論浩天宮的宗教活動與組織。

第三章，浩天宮文物調查成果。本章為論文重點，依據田野調查所得成果，將浩天宮的傳世文物以表格羅列，再將文物分類，個別做文字描述。第一節論神像，第二節論供器，第三節論匾額與碑碣。

第四章，浩天宮文物考證與分析。本章進行歷史與文物的交互考證，將文物依歷史年代排列，第一節先做清代文物考證，第二節做日治時代文物考證，第三節做民國時期文物考證，以求從文物看歷史，凸顯文物價值。

第五章，結論。本章歸納總結浩天宮之調查研究結果，統整全文各章的論述重點，呈現研究結果。

過去「文物」常被視為財產，對文物的研究視角著眼於工藝、藝術，而寺廟的歷史又經常缺少文獻證據。年代久遠的寺廟，深具地方開發的歷史價值，若能擴大文物研究的應用，以文物佐證歷史，不只能豐富在地鄉土史，更能發揮文物價值，增加財產價值。

第二章 大庄浩天宮

第一節 梧棲地區開發史

　　梧棲位於臺中濱海區，在大肚溪以北，大甲溪以南。漢人尚未入墾之前，是原住民拍瀑拉族（Papora）的活動區，清領時期開始有漢人入墾形成聚落，清中葉後形成街市。因為濱海，成為與中國貿易的小商港，在道光、咸豐年間發展成臺灣中部重要的商港。到了日治時期，明治 30 年（1897）將梧棲港指定為特別輸出入港，梧棲街市因此商況繁榮，但受限於港口條件不佳，淤積嚴重而逐漸沒落。昭和 7 年（1932），梧棲關稅支署被裁撤，失去特別輸出入港的地位，商況大不如前。但在昭和 14 年（1939），梧棲被選為中部港口的興建地，改稱「新高港」，欲將梧棲港興建為國際港口，把梧棲與大甲、清水、沙鹿、龍井合併為「新高市」，即將蛻變為國際都市，發展前景大好。可惜新高港計畫尚未完成，就在昭和 16 年（1941），因日本帝國陷入戰爭泥沼，無暇顧及新高港的興建計畫，昭和 19 年（1944）終因經費不足而停擺，致使梧棲失去成為國際都市的良機。

一、清領時期

（一）清康熙～清雍正

　　清領臺灣之初，在臺灣設置一府三縣，即臺灣府、臺灣縣、鳳山縣與諸羅縣，梧棲地區為諸羅縣所轄。康熙 24 年（1685）由蔣毓英編纂之《臺灣府志》的〈封隅〉和〈坊里〉中，對諸羅縣的敘述是：「諸羅縣治，在臺灣

府北一百五十里。東至大居佛山二十一里，西至大海三十里，東西廣五十一里，南至新港溪與臺灣縣交界一百四十里，北至雞籠城二千一百七十五里，南北延袤二千三百一十五里。」縣下轄有「里四、社三十四」，〔註1〕行政範圍是從現在嘉義縣以北直到基隆，有半個臺灣大，而此時的梧棲地區還是原住民拍瀑拉族（Papora）的居處，有沙轆牛罵社，尚未有漢人聚落出現。到康熙35年（1696），諸羅縣的行政區域不變，轄下坊里數仍維持「里四、社三十四」，〔註2〕從康熙中葉的《康熙臺灣輿圖》（約康熙35～43年，1696～1704）所見，大甲溪到大肚溪之間，有水里社、沙轆社及牛罵社。大肚溪口有鹿仔港汛，大甲溪口則無註記【圖2-1】。郁永河在清康熙36年（1697）來臺時，記錄了他在沙轆社、牛罵社看到的景象：「渡大溪，過沙轆社，至牛罵社，社屋隘甚，值雨過，殊溼。假番室牖外設榻，緣梯而登，雖無門闌，喜其高潔。」〔註3〕可知康熙中葉時，此處仍是原住民活動區，漢人尚未入墾。

圖2-1 《康熙臺灣輿圖》中部局部圖，國立臺灣博物館藏

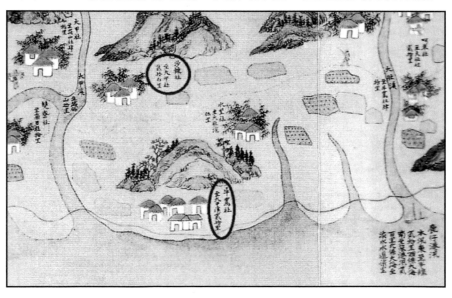

圖版：洪英聖，《畫說康熙臺灣輿圖》（臺北：聯經，2002），內頁拉頁。

〔註1〕 〔清〕蔣毓英，《臺灣府志》，頁9、11。

〔註2〕 〔清〕高拱乾，《臺灣府志》，頁6。

〔註3〕 〔清〕郁永河，合校足本《裨海紀遊》（臺北：臺灣省文獻委員會，1984），頁19。

到了康熙 51 年（1712）周元文《重修臺灣府志》時，諸羅縣除了里、社之外，出現保、莊及街市，〔註4〕可見當時漢人來臺拓墾人數已經增多，漢人聚落也在形成中。康熙 56 年（1717），周鍾瑄的《諸羅縣志》〈坊里〉和〈街市〉中說道：「縣屬轄里四、保九、莊九（里、保、莊皆漢人所居）、社九十有五」，在縣北有打貓莊（今民雄）、他里霧莊（今斗南）、半線莊（今彰化）。半縣莊中又有半線街，〔註5〕可知此時漢人渡臺的人數不少，也開始有漢人聚落形成。此時的漢人聚落雖集中在今臺南、嘉義一代，但渡過大肚溪以北的漢人有越來越多的趨勢，自康熙 23 年以來，漢人的拓墾腳步不曾停歇。《諸羅縣志》〈兵防志〉敘述：「當設縣之始，縣治草萊，文武各官僑居佳里興；流移開墾之眾，極遠不過斗六門。北路防汛至半線牛罵而止……」。康熙 35 年（1696）之後，漢人移墾腳步越往北移，「流移開墾之眾已漸過斗六門以北」，到康熙 49 年（1710）數年間「又漸過半線大肚溪以北矣。此後流移日多，乃至南日、後壠、竹塹、南嵌，所在而有」。〔註6〕

這段記錄顯示，漢人渡臺後最早形成的聚落是在今天臺南、嘉義，之後慢慢北移，往雲林、彰化拓墾，在康熙末年已經移墾到大肚溪以北，進入了臺中海線及苗栗、新竹、桃園地區。再從《諸羅縣志》的山川總圖來看【圖2-2】，大肚溪口有草港，大甲溪口有崩山港，兩溪之間還有一個水裡港，〔註7〕當時這些地方應該開始有漢人活動，從事商業貿易，但仍以原住民居多。康熙 51 年（1712），阮文（阮蔡文）來臺招降山東海賊陳尚義，康熙 52 年（1713）阮文擔任臺灣北路營參將，當時的臺灣「半線以上，民少番多。大肚、牛罵、吞霄、竹塹諸處，山川奧鬱，水土苦惡。」〔註8〕可見在康熙末年時，今天的梧棲地區不僅漢人少見，也不宜居住。

〔註4〕〔清〕周元文，《重修臺灣府志》，頁42～45、55。
〔註5〕〔清〕周鍾瑄，《諸羅縣志》，頁29～32。
〔註6〕〔清〕周鍾瑄，《諸羅縣志》，頁110。
〔註7〕今臺中市龍井區麗水村大排水出海口。水裡港亦寫做水裏港，本文寫作時參照文獻原文用字。
〔註8〕臺灣銀行經濟研究室編，《福建通志臺灣府》，頁786～787。

圖 2-2　康熙 56 年《諸羅縣志》山川總圖

圖版：〔清〕周鍾瑄，《諸羅縣志》，頁 10～11。

　　清康熙 61 年（1722）巡臺御史黃叔璥的《臺海使槎錄》〈赤嵌筆談〉中，曾提到：「偽鄭在臺，民人往來至半線而止。自歸版圖後，淡水等處亦從無人蹤。故北路營汛，止大肚安設百總一名，領兵防守；沙轆、牛罵二社，則為境外。」〔註9〕可知當時在臺灣中部濱海區域，只在大肚設有兵備，沙轆社和牛罵社，都還是原住民聚落。在近海港口方面，黃叔璥則寫著：「鹿仔港（潮長，大船可至內線，不能抵港，外線水退，去口十餘里，不知港道，不敢出

〔註9〕　〔清〕黃叔璥，《臺海使槎錄》（南投：臺灣省文獻委員會，1999），頁 31～32。

入）、水裏港、牛罵、大甲、貓干、吞霄、房里、後壠、中港、竹塹、南嵌、八里坌、蛤仔爛，可通杉板船。」〔註10〕從這段記錄看，當時臺中濱海區已有水裏港、牛罵、大甲三個小港口，可以通行杉板船，可能有漢人在港口附近居住，但尚未形成聚落。黃叔璥曾至沙轆社巡視，受到當地土官及番婦招待，在黃叔璥離去時「土官遠送，婦女咸跪道旁；俯首高唱，如誦佛聲。詢之通事，則云祝願步步得好處。一社攀送，有戀戀意。抵郡後，聞將社名喚作迴馬社，以余與吳侍御北巡至此迴也。」〔註11〕因此沙轆社在康熙末年時，曾被稱爲「迴馬社」。

再根據其他文獻資料，王姓族譜曾記錄，康熙年間有泉州安溪人王承詔到梧棲地區開墾。〔註12〕日治時的土地調查資料，也記錄了在雍正初年有嚴玉漳入墾南簡，〔註13〕。但此時的梧棲地區，應該還是原住民拍瀑拉族的居所，且康熙、雍正朝實施渡臺禁令，「居其地者俱系閩、粵濱海州縣之民，俱於春時往耕，秋成回籍」〔註14〕，漢人即使入墾，應屬極少數，清廷又禁止攜眷渡臺，多數人皆春來秋回，非長年定居，尚不成聚落。

清康熙60年（1721）臺灣爆發朱一貴事件，爲清領臺灣後第一次大規模民變，事件平定後，爲加強管理，清雍正元年（1723）重新畫分行政區，從諸羅縣分出彰化縣及淡水廳。彰化縣管轄區域東至山，西至海，南至虎尾溪與諸羅縣相鄰，北至大甲溪與淡水廳爲界，今天的大臺中均屬彰化縣管轄，漢人拓墾的腳步更加快速。

（二）清乾隆～清嘉慶

清乾隆是漢人渡臺的高峰，臺灣中部的開發狀況更加快速。乾隆 6 年（1741），劉良璧的《重修福建臺灣府志》中記載彰化縣的〈坊里〉有「十保，〔管〕一百一十莊」，沙轆莊及牛罵莊爲猫霧拺保管下，〈街市〉中則出現了「大肚街（距縣治北一十五里）」。〔註15〕乾隆12年（1747）范咸的《重修臺灣府志》記載的彰化縣〈坊里〉和〈街市〉均與劉志相同，但在〈海防〉

〔註10〕　〔清〕黃叔璥，《臺海使槎錄》，頁 33。
〔註11〕　〔清〕黃叔璥，《臺海使槎錄》，頁 129。
〔註12〕　洪敏麟，《臺灣舊地名之沿革（二下）》（臺中：臺灣省文獻會，1984），頁 161。
〔註13〕　臨時臺灣土地調查局編，《土地慣行一斑》（臺北市：臺北株式會社臺灣日日新報社，1905），頁 41。
〔註14〕　臺灣銀行經濟研究室編，《福建通志臺灣府》，頁 421。
〔註15〕　〔清〕劉良璧，《重修福建臺灣府志》，頁 79、85。

附考中記錄了近海港口，「水裏港、牛罵、大甲、貓盂、吞霄、房裏、後壠、中港、竹塹、南嵌、八里坌、蛤仔難，可通杉板船。」〔註16〕到了乾隆 25 年（1760）的《臺灣民番界址圖》〔註17〕中，從大肚溪以北到大甲溪以南的區域，已可見到許多漢人聚落，沙轆社也分為沙鹿南社及沙鹿北社，並有文字註記「沙轆南社即迁社南社，沙轆北社即遷善北社」，附近還設有沙鹿塘。牛罵社則稱為感恩社，設有牛罵塘【圖 2-3】。今日梧棲區大部分均屬沙轆社（遷善社）所有，南部的鴨母寮以南部份則為水裡社所有。〔註18〕

圖 2-3 乾隆 25 年《臺灣民番界址圖》中部局部圖

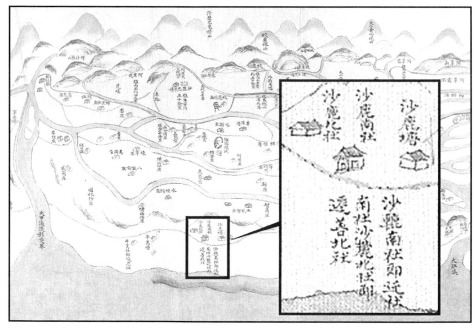

圖註：紅、藍線為漢、番分界。紅線為舊定界、藍線則為清乾隆 25 年時新定界。

圖版：柯志明，《番頭家：清代臺灣族群政治與熟番地權》（臺北：中央研究院，2001），附圖。

〔註16〕〔清〕范咸，《重修臺灣府志》，頁 92。

〔註17〕本圖為清乾隆 25 年（1760）所繪，原圖典藏於中央研究院歷史語言研究所傅斯年圖書館。此圖開卷題詞有云「圖內民番界址」，故定名「臺灣民番界址圖」。杜正勝，〈臺灣民番界址圖說略〉，《古今論衡》，8（臺北，2002.06），頁 2～9。

〔註18〕洪麗完，《臺灣中部平埔族群古文書研究與導讀・中冊》，頁 7。

　　沙轆社與牛罵社之改名，肇因於雍正 9～10 年（1731～1732）之大甲西社事件。大甲西社先後起事兩次，因漢人入侵原住民的生存空間，不斷發生漢番衝突，官府又多有欺凌壓迫原住民之事。雍正 9 年，以大甲西社（今大甲）爲首，聯合樸仔籬（今豐原、石岡、新社、東勢）等八社抗官，爲中部地方首次平埔族社聯合大動亂。雍正 10 年，發生臺灣道倪象愷屬下壯役「殺死軍前效力良番」案件，官府卻未能秉公處理，令各番社不滿，遂引發眾番社再次聯合起來圍攻彰化縣治。牛罵（今清水）、沙轆（今沙鹿、梧棲）、南大肚（今大肚）、吞霄（今通霄）、阿里史（今潭子）均參與其中，造成中部臺灣大兵災。亂事經官府調兵討伐，又透過與巴宰族（Pazeh）岸裡社（今神岡一帶）的合作，歷時四月餘，終使各社投降平定動亂。事後清廷改大甲西社爲「德化社」、沙轆社爲「遷善社」、牛罵社爲「感恩社」、貓盂社爲「興隆社」。經過此事件後，中部平埔族勢力從此大爲削弱，因此在乾隆時期，吸引大量漢人移民來此拓墾。〔註19〕

　　乾隆 29 年（1764）余文儀主修的《續修臺灣府志》〈坊里〉中記錄彰化縣「舊十保，管一百一十莊；今新分及加增共一十六保、一百三十二莊。」而沙轆新莊及牛罵新莊係貓霧捒西保內，在〈街市〉中有沙轆街及牛罵街。〔註20〕從乾隆 6～29 年的短短二十三年間，彰化縣的坊里數從十保、一百一十莊，增加爲一十六保、一百三十二莊，顯見漢人入墾彰化縣的速度之快。乾隆中葉（約乾隆 27～30 年，1762～1765）的臺灣輿圖，在大甲溪與大肚溪之間已出現許多聚落，梧棲地區也在此時出現八張犁庄、鴨母寮、詔安厝〔註21〕等地名【圖2-4】。

〔註19〕洪麗完，〈大安、大肚兩溪間墾拓史研究〉，《臺灣文獻》，43：3（南投，1992.09），頁 165～259。

〔註20〕〔清〕余文儀，《續修臺灣府志》，頁 73～74、81、89。

〔註21〕八張犁庄爲今梧棲的興農里，八張犁表示此處有四十甲田。鴨母寮爲今梧棲永寧、永安里。詔安厝爲今永安里一帶，附近爲安良港大排水。洪英聖，《畫說乾隆臺灣輿圖》（臺北：聯經，2002），頁 93。

圖 2-4 《乾隆臺灣輿圖》中部局部圖

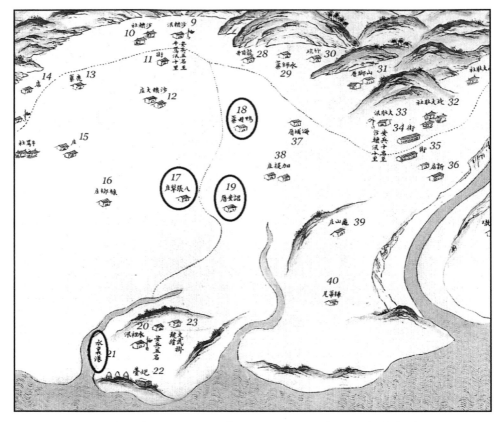

圖註：原圖典藏於臺北國立故宮博物院，原名稱「乾隆中葉臺灣軍備圖」。
圖版：洪英聖，《畫說乾隆臺灣輿圖》，頁 91。

　　由輿圖來看，梧棲地區在此時已出現漢人聚落，來自福建漳州府的詔安
人已在此定居，同時也開墾出大片田地，完成初步的開發。據洪敏麟研究，
乾隆 35 年（1770），當時梧棲附近的牛罵溪口，已經與來自福建惠安獺窟的
帆船往來貿易，港口擠滿了載貨的竹筏，因此又稱為「竹筏穴」，至乾隆 50
年（1785）前後，此處已形成街肆，亦有來自泉州府惠安縣獺窟的商人渡臺
定居，並設有行郊。〔註22〕而日治時期則有梧棲於「乾隆 35 年開始從福建惠
安縣獺窟，有商船來航至牛罵溪口梧棲港貿易。50 年前後，梧棲已發展成為
街肆」一說。〔註23〕在輿圖裏，乾隆中葉梧棲地區雖出現八張犁庄、鴨母寮、

〔註22〕洪敏麟，《五汊港聚落圖說》，頁 14～15。
〔註23〕吉田東著，伊能嘉矩編，《臺灣舊地名辭書》（東京：富山房，1909），頁 72。

詔安厝等聚落，但近海處有水裏港，也設有水裡汛，還沒有「梧棲港」這個名稱。水裡港從康熙 56 年（1717）的《諸羅縣志》山川總圖中便已出現，是當時中部的重要商港，乾隆 12 年（1747）范咸的《重修臺灣府志》〈海防〉中，雖提到了牛罵港，但在彰化總圖中卻未見到，可見牛罵港只是一個小港，地位遠不如水裡港。

圖 2-5　乾隆 12 年《重修臺灣府志》彰化總圖局部

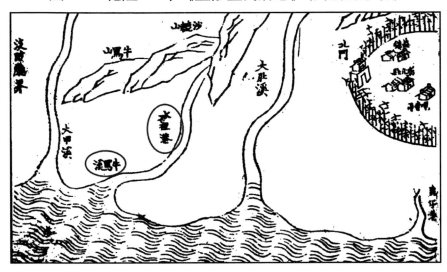

　　儘管此時尚未出現「梧棲」這樣的地名，但已開始有漢人聚落出現在古文書中。最早出現的是鴨母寮莊，在乾隆 11 年（1746），水裏社番眉志目土官甘馬轄、大宇等再給佃批，重新議定鴨母寮莊田地之供納租粟；〔註 24〕乾隆 45 年（1780）遷善北社番萬感立給墾批字，將坐落南簡庄后（今梧棲南簡里）自己遺下塯埔壹處，招墾給漢人洪文田；〔註 25〕乾隆 49 年（1784）吳日燦立空地相換契約，將坐落大肚西下保八張犁庄（今梧棲興農里）的空地壹塊，與羅仲桂所有之禾坪壹塊交換；〔註 26〕嘉慶元年（1796）遷善南北社番烏肉

　　　洪敏麟、戴寶村、黃秀政、王仲孚、洪麗完、陳聰民、王立任等人皆引用之。
〔註 24〕臺灣銀行經濟研究室編，《清代臺灣大租調查書》（南投市：臺灣省文獻委員會，1995），342～343 頁
〔註 25〕洪麗完，《臺灣中部平埔族群古文書研究與導讀·中冊》，頁 215。
〔註 26〕該契約中出現「大肚西下保」，在乾隆 29 年（1764）余文儀主修的《續修臺灣府志》〈坊里〉中沒有記錄，在〈街市〉中的大肚街:則記錄「在大肚西保，距縣北十五里」。詳見〔清〕余文儀，《續修臺灣府志》，頁 73～74、81、89。契約見王仲孚總編纂，《梧棲鎮志》，頁 163～164。

進生立給批塭契字，將座落土名八亭后（今梧棲興農里），東至犁分尾爲界，西至海爲界，南至火燒橋坪（今梧棲興農里）爲界，北至萬感塭爲界之草湳壹所，承給漢人曾國燕等人開築成塭，畜養魚蝦；〔註27〕嘉慶 4 年（1799）遷善南北社業戶通土以及頭目全眾白番立出贌字，將坐落南簡庄後田尾，東至南簡庄後田尾爲界，西至海爲界，南至陳厝庄（今梧棲福德里）消水溝爲界，北至楊頭家分水爲界之魚塭壹處，出贌漢人李眾觀等人；〔註28〕嘉慶 25 年（1820）王申塔等全立轉退塭份字，將合夥贌得坐落土名沙轆寮後（今梧棲區內，位置不明）之魚塭壹口，轉賣於紀汝。〔註29〕

　　由古文書可解讀出，自乾隆中葉後番社的土地逐漸流失，遷善南北社的番民將土地或招墾、或出贌給漢人，顯見當時漢人已在此安家立業。從乾隆45 年（1780）到嘉慶 25 年（1820）的四十年之間，梧棲地區再增加了南簡庄、陳厝庄等漢人聚落。民間契約文書中也出現「火燒橋坪」、「田尾」、「消水溝」、「犁分尾」等閩南語發音的地名，說明梧棲此時已是閩籍移民的新居所，土地開發工作完成大半。

表 2-1　梧棲地區舊地名與現行行政區對照表

現 行行政區	舊　地　名	古文書舊地名	
中和里	頂車埕、下車埕、四枝柱仔、海西亭	沙轆鰲棲港街	沙轆寮後、下湳（位置不明）
中正里	牛埔		
文化里	牛埔、街尾		
安仁里	街尾		
頂寮里	塭寮（塭仔崛）、下魚寮	沙轆頂魚寮東畔塭底	
下寮里	下魚寮		
草湳里	豬戶、水浸、網仔埕、三肩仔埔、翹頭仔埔、大莊埔仔、車路下、頂草湳、五塊厝、三角尖、埔仔縫、草湳底、草湳埔、天井田仔、下草湳、公館、園崛仔、中塭、外湖、鹹田仔、內湖、海尾、新田、塭底、崁腳、崁頂		

〔註27〕張炎憲、曾品滄編，《楊雲萍藏臺灣古文書》（臺北縣新店市：國史館發行，2003），頁 220～221。
〔註28〕張炎憲、曾品滄編，《楊雲萍藏臺灣古文書》，頁 224～225。
〔註29〕洪麗完，《臺灣中部平埔族群古文書研究與導讀‧中冊》，頁 252。。

福德里	陳厝莊、紀厝、李厝、楊厝、王厝、卓厝、媽祖厝、頂厝、竹圍仔內		陳厝庄、陳厝庄東北勢、陳厝庄頂內、八張、火燒厝	
大庄里	邱厝、安平鎮、舊厝莊、何厝、翁厝、大厝內、公館內、林厝、楊厝、大尾房		大庄九張	
大村里	下厝仔、黃厝角、李厝、菜園內、大門口、份頭、九張仔、瓦窯腳			
興農里	下厝、五甲、海墘厝、尾厝、更寮、中厝、頭厝、火燒橋、路仔頭、公館仔、八張犁、頂四張、八角亭、下四張、抄封仔地、八張犁崙仔		沙轆大庄後、八角亭、西海墘	
永寧里	頂莊、樹腳、份頭、李厝、竹圍仔、東邊竹圍、西邊竹圍、園仔、中崙、中湖、內崙、賴厝園仔、高坵、下莊	鴨母寮	營盤前、鴨母寮社	
永安里	中指仔窟、藥店內、布店、大崙、豬哥窟、王厝塭、牛埔底、頂厝、大班、安良港			
南簡里	南簡		南簡庄后、南簡庄外東西、南簡庄尾、南簡庄前後東西、南簡庄後犁份田尾、南簡庄後、南簡庄	

資料來源：1. 洪敏麟撰稿，《臺中縣地名沿革專輯（一）》，頁 182～210。
　　　　　2. 洪麗完，《臺灣中部平埔族群古文書研究與導讀・中冊》，頁 16。

　　在其他資料中，乾隆年間還有泉州晉江人莊可曲、莊汪尤，泉州安溪人王中浩、吳純、顏浩安、顏侯綿，及泉州南安人李保等人，陸續來到梧棲拓墾。嘉慶年間，又有泉州南安人周必緎入墾梧棲。〔註 30〕一紙道光 6 年（1826）〈吳色等立杜賣盡根契〉中，則有吳玕於乾隆 38 年（1773）入墾梧棲的記錄。〔註 31〕可見在乾隆時期，梧棲已吸引許多漢人入墾，並形成了聚落，而入墾者以泉州人為主。

〔註 30〕洪敏麟，《臺灣舊地名之沿革（二下）》，頁 160～161。
〔註 31〕洪麗完，《臺灣中部平埔族群古文書研究與導讀・中冊》，頁 255。

圖 2-6 梧棲舊地名聚落位置圖

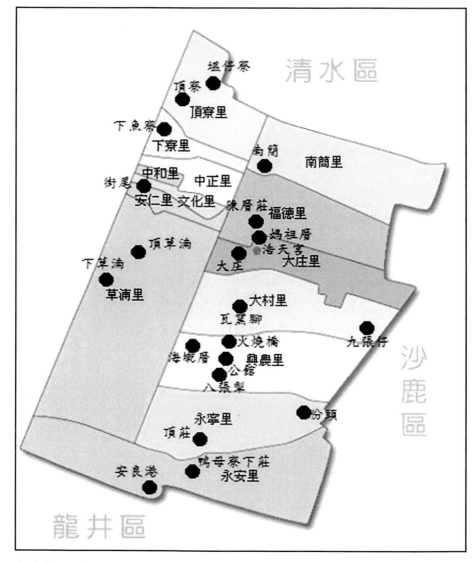

資料來源：中央研究院 GIS，「臺灣新舊地圖比對：臺灣堡圖（1898～1904）」。
　　　　　施添福總編纂，《臺灣地名辭書，卷十二，臺中縣（二）》（南投
　　　　　市：臺灣文獻館，2007），頁 303。
圖版：林郁瑜改繪。

（三）清道光～清末

　　梧棲地區的開發工作完成於清道光年間，官方志書中出現了相關記錄。
道光 12 年（1832）周璽的《彰化縣志》〈山川〉中出現了「五汊港：海汊，

在沙轆莊北」的記錄，〔註32〕是「五汊港」首次出現在地方志書中。又在〈海道〉中說道「彰化港口，以鹿港爲正口，然沙汕時常淤塞，深則大船可入，淺惟小船得到。如王宮、番仔挖，遷徙無常。近日草港、大肚尾、五汊港等澳小船，遇風亦嘗寄泊；惟配運大船，則不能入耳。」〔註33〕說明五汊港只是一個大船不能停靠的港口，並不是一個先天條件優越的良港，卻也發展出許多漢人聚落。《彰化縣志》的〈街市〉中，有乾隆年間劉志已出現的大肚街，還有余志中出現的沙轆街和牛罵街，惟《彰化縣志》的牛罵街改稱爲寓鰲頭街，三個街市均屬大肚保。而〈保〉中的大肚保又分爲大肚上保、大肚中保、大肚下保，上中下保共有九十八個莊。許多莊名和日治時期的梧棲舊莊名相符，如：南簡莊、陳厝莊、火燒橋、海墘厝、八張犁、鴨母寮、竹圍內等名稱，〔註34〕顯示此時的梧棲從現在的南簡里到永安里均已有漢人聚落，雖尙未形成人烟稠密、屋宇縱橫的街市，但已形成村莊。

　　道光時姚瑩曾兩度論及臺灣濱海港口，道光9年（1829）姚瑩在《東槎紀略》首度提到臺灣濱海港口，當時正口有鹿耳門、鹿港及八里坌，私口「則鳳有東港、打鼓港，嘉有笨港，彰有五條港，淡水有大甲、中港、椿稍、後壠、竹塹、大垵，噶瑪蘭有烏石港，皆商船絡繹。」〔註35〕這時並未提到五汊，就商貿價值而言，當時五汊港的地位應當不如大甲、大安。道光20年（1840），姚瑩在〈臺灣十七口設防圖說狀〉中再度提到「五汊港」，標註「即鼇栖港，在彰化縣北界……其南有水裏港……二口相距甚近，不過數里。……商船二、三千石至者，水小由五汊港入，水大由水裏港入。……五汊港設礮墩五座，……」〔註36〕。可知此時的五汊港也稱鼇栖港，是一個可容二、三千石商船進入的港口，還設有礮墩，所在地點應具有軍事價值。

　　直到道光時期志書中還未出現「梧棲」兩字。「梧棲」地名要到同治年

〔註32〕〔清〕周璽，《彰化縣志》，頁16。
〔註33〕〔清〕周璽，《彰化縣志》，頁25。
〔註34〕〔清〕周璽，《彰化縣志》，頁41、48。周璽在書中對「街市」及「保」分別下了定義：「凡有市肆者皆稱街。……人烟稠密，屋宇縱橫。街旁衖衕曰巷。郊野之民，群居萃處者，曰村莊，又曰草地。番民所居曰社。」「保，即保甲之義也。彰化草萊漸闢，村莊日增，原十三保半，今增爲十六保。」見頁39、42。
〔註35〕〔清〕姚瑩，《東槎紀略》（南投：臺灣省文獻委員會，1996），頁111。道光9年，姚瑩任臺灣知府方傳穟之幕僚。
〔註36〕〔清〕姚瑩，〈臺灣十七口設防圖說狀〉（庚子九月鎮道會稟），見《中復堂選集》（南投：臺灣省文獻委員會，1996），頁81。道光20年，姚瑩任臺灣道。

間才出現在志書中，同治時期纂修的《臺灣府輿圖纂要》裡，〈彰化縣圖〉清楚標示「五汊」的地名【圖 2-7】，並且標註「五汊港即梧棲港，大潮深三、四尺，近年新開竹筏港，可泊來船三、四十號。」〔註37〕此處指出五汊港即梧棲港，又說是近年新開竹筏港，可見得當時的梧棲港為一新興港口，而鄰近的水裡港標註「淺」。該書中〈坊里〉的大肚保，標註「分上、中、下三保。」共有六十五莊，出現了鴨母寮莊、八張犁莊、大莊、陳厝莊、梧棲港街、南簡莊。〔註38〕這是「大莊」首次記載在地方志書中，它出現的時間，和梧棲港街同時，但比起鴨母寮莊、八張犁莊、陳厝莊、南簡莊卻晚得多。

對照周璽的《彰化縣志》與姚瑩所言，五汊港的興起應在道光初年，當時的地位不如鄰近的水裡港、大甲港。直到一位船戶曾培世，因遇大水為災，漂流到此，發現可供舟船往來的新港路。後由當地業主曾安國的祖父，掌教藍田書院的曾作霖〔註39〕向北路同知秉繳詳注圖說，請求將此處做為泊船港，五汊港的地位才逐漸提升，此後貿易日盛。道光 25 年（1845）正式開港，〔註40〕更提高了梧棲港的地位，在〈道光 26 年署臺灣北路理番駐鎮鹿港總捕分府為示諭交納事〉中已出現了「沙轆鰲栖港街」，〔註41〕顯示在道光 26 年時，此處已發展成街市，「開港」讓梧棲迅速繁榮起來。

再從民間契約文書來看，道光 6 年（1826）吳色等立杜賣盡根契中出現了「沙轆大庄後」（今興農里），〔註42〕道光 10 年（1830）周順等兄弟立杜賣盡根字中出現了「大庄九張」（今大庄里）。〔註43〕直到此時，「梧棲」也尚未出現，但已經出現了「大庄」。在道光 6 年（1826）吳色等立杜賣盡根契中，有咸豐 4 年（1854）的「批」，出現了「鰲棲」；咸豐 5 年（1855）的「批」

〔註37〕〔清〕不著撰人，《臺灣府輿圖纂要》，頁 209。

〔註38〕〔清〕不著撰人，《臺灣府輿圖纂要》，頁 223～224。此時彰化縣有 12 個保名，〈坊里〉標註：「彰屬地界，不分都圖，只各保。每保之下，又分東、西保，上、下保；每保之中，村莊聚集，不致四散雜處，防竊盜也。故村莊多而保數無幾。」

〔註39〕曾作霖當時正參與纂修《彰化縣志》，詳見林文龍，〈曾作霖主稿《彰化縣志》與掌教藍田書院：兼談其籍貫問題〉，《臺灣文獻》，別冊 45（南投，2013.06），頁 20～28。

〔註40〕洪麗完，〈從一張古文書管窺清代的梧棲港〉，頁 8～10。

〔註41〕見〈道光 26 年署臺灣北路理番駐鎮鹿港總捕分府為示諭交納事〉，洪麗完，《臺灣中部平埔族群古文書研究與導讀‧中冊》，頁 320。

〔註42〕洪麗完，《臺灣中部平埔族群古文書研究與導讀‧中冊》，頁 255。

〔註43〕洪麗完，《臺灣中部平埔族群古文書研究與導讀‧中冊》，頁 257。

則出現「梧栖」。〔註44〕咸豐 10 年（1860）民間契約書中出現了「梧栖港大街」，咸豐 11 年（1861）又出現了「五栖港大街」，同治元年（1862）出現了「梧棲」。〔註45〕對照清代文獻志書與古文書的說法，梧棲在道光時稱五汊、鼇栖、鰲栖，地名「大庄」在此時出現，道光末年時梧棲形成港街，在咸豐時稱梧栖、五栖，咸豐末年發展成大街。至遲在同治元年便寫做梧棲，此後梧栖、梧棲一直沿用至今。

　　道光時期的梧棲仍有漢人入墾，有泉州安溪人孫坤福，〔註46〕道光 5 年（1825）時，還有紀于振入墾草湳里。〔註47〕可見道光年後的梧棲，漢人拓墾的腳步還未停下，而開發區域已到了濱海的草湳里，此處應是梧棲地區最晚開發的範圍。

　　光緒 5 年（1879），夏獻綸主持，余寵等人測繪的〈全臺前後山總輿圖〉已能清楚看到梧栖港，標註「梧栖港口門深約六尺許」，並繪有南簡庄、梧栖港、陳厝庄、鴨母寮等街庄名【圖 2-8】。在《臺灣輿圖》〈彰化輿圖說略〉中則說道：「……其餘海口，曰麥寮、曰番挖、曰鹿港、曰福安、曰梧棲，均沙痕盤曲，巨舟難攏，洋船罕到。梧棲口外，有五條沙者，舟行尤易擱淺。」〔註48〕這裡已預告了梧棲港的衰落命運。

〔註44〕洪麗完，《臺灣中部平埔族群古文書研究與導讀・中冊》，頁 255。
〔註45〕董倫岳撰文，《梧棲古文書史料專輯》，頁 37～39。
〔註46〕洪敏麟，《臺灣舊地名之沿革（二下）》，頁 160。
〔註47〕臨時臺灣土地調查局編，《土地慣行一斑》，頁 41。
〔註48〕夏獻綸，《臺灣輿圖》，頁 26。

圖 2-7 《臺灣府輿圖纂要》中的彰化縣圖

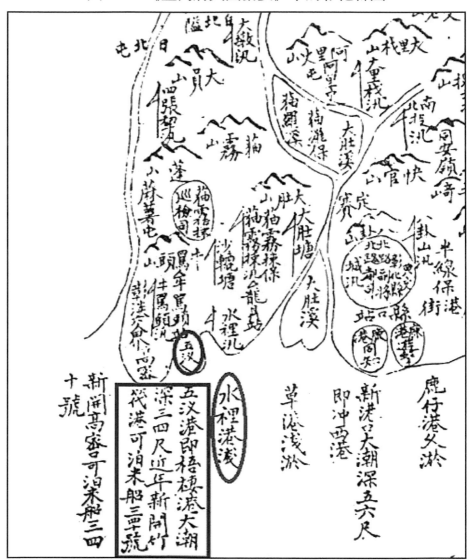

圖版：〔清〕不著撰人，《臺灣府輿圖纂要》，頁 209。

圖 2-8　〈全臺前後山總輿圖〉中的梧棲港局部

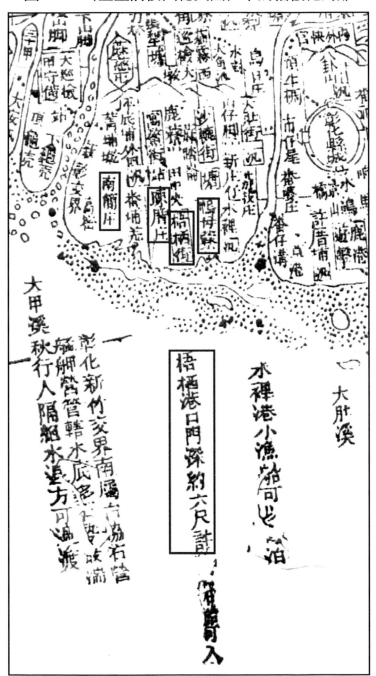

圖版：林熊祥編，《蘭嶼入我版圖之沿革附綠島》（臺中：臺灣省文獻委員
　　　會，1984），外附。

黃海泉在〈梧棲沿革志〉敘述，梧棲在道光 11 年（1831）之前原爲荒埔海澨的偏僻之地，道光 22 年（1842）後商業日盛，成爲中部大港。自道光 28 年（1848）至光緒 7 年（1881）間爲極盛期，大小行棧有五黃十八蔡及其他雜姓四十六店，還有泉、廈行郊與對口來往貿易。但自光緒 22 年（日治明治 29 年，1896）後，終因港口淤淺而逐漸沒落。〔註 49〕

表 2-2　清代梧棲地區漢人入墾史簡表

時　　間	入　墾　人	開發地區	資　料　來　源
康熙中葉	泉州安溪人：王承詔	梧棲地區	洪敏麟，《臺灣舊地名之沿革（二下）》，頁 161。〔王姓族譜〕[2]
雍正初年	嚴玉璋（殷玉璋）[1]	南簡里	臨時臺灣土地調查局編，《土地慣行一斑》，頁 41。
乾隆年間	泉州晉江人：莊可曲、莊汪尤	梧棲地區	洪敏麟，《臺灣舊地名之沿革（二下）》，頁 161。
乾隆初年	泉州安溪人：王中浩、吳純、顏浩安（顏浩妥）[1]、顏侯綿	梧棲地區	洪敏麟，《臺灣舊地名之沿革（二下）》，頁 161。
乾隆中葉	泉州南安人：李保	梧棲地區	洪敏麟，《臺灣舊地名之沿革（二下）》，頁 161。
乾隆 38 年	吳珱	梧棲地區	洪麗完，《臺灣中部平埔族群古文書研究與導讀・中冊》，頁 255。〔道光 6 年吳色等立杜賣盡根契〕[2]
嘉慶年間	泉州南安人：周必緘	梧棲地區	洪敏麟，《臺灣舊地名之沿革（二下）》，頁 160。
道光 5 年	紀于振	草湳里	臨時臺灣土地調查局編，《土地慣行一斑》，頁 41。
道光年間	泉州安溪人：孫坤福	梧棲地區	洪敏麟，《臺灣舊地名之沿革（二下）》，頁 160。

表註：〔1〕嚴玉璋、顏浩安在戴寶村《臺中港開發史》中，分別寫做殷玉璋、顏浩妥，
　　　　頁 28～29。
　　　〔2〕〔　〕內爲該書中所引用之資料來源。

二、日治時期

光緒 21 年（日治明治 28 年，1895），臺灣正式進入日治時代，梧棲港雖

因港口淤塞日淺，不利大船停泊，但仍然是中部重要的貿易港口，與中國之間有商船往返，輸出稻米與樟腦。明治 30 年（1897），梧棲港與鹿港同時被指定為特別輸出入港，僅容中國帆船進出，並成立稅關支署，使得梧棲港商貿盛極一時。〔註 50〕只是梧棲港的先天條件不足，港口淤積日深，加上日本積極建設鐵路及高雄、基隆二港，在鐵路貫通後，高雄與基隆先後築成，臺灣與日本的貿易越來越密切，與中國之間的貿易卻日漸萎縮，梧棲港失去中運港口的優勢。自明治 29 年（1896）至昭和 7 年（1932），港口每年的船舶出入數逐年下降，致使日本總督府於昭和 7 年撤銷梧棲特別輸出入港之地位。〔註 51〕

　　昭和 11 年（1936），日本總督府對梧棲港展開調查，預備規劃興築新高港，報告書中詳細調查了地質、氣象、波浪、潮位、潮流、海底移動等資訊，並預估了工事用材料，〔註 52〕進行梧棲港興建計畫的準備工作。昭和 13 年（1938），總督府發佈「梧棲港築港計畫」，次年舉行開工典禮，並將新港口定名為「新高港」。昭和 15 年（1940）又決定將港口附近的大甲、清水、沙轆、龍井合併為「新高市」，訂定「新高港大工業都市計畫」。〔註 53〕新高港開築後，日本逐漸陷入太平洋戰爭泥沼，新高港計畫最後因戰爭拖累宣告停擺，新高市計畫也無疾而終。

　　梧棲的開發在清道光時便已飽和，奠定其經濟基礎，經咸、同到光緒年，梧棲的地位不斷提升，從乾嘉時期的地方性的轉運港口，躍升為光緒年間的區域性中心港口，〔註 54〕成為大甲溪到大肚溪之間的最大港。日治時期的梧棲地區雖遭逢港口沒落的困境，但日本總督府的新高港計畫已說明梧棲的重要地位。

〔註 50〕黃秀政，《臺中縣海線開發史》，頁 61。
〔註 51〕黃秀政，《臺中縣海線開發史》，頁 176～177。
〔註 52〕臺灣總督府交通局道路港灣課技手北川正勝調查，《梧棲港調查書》（臺中縣：臺灣總督府交通局道路港灣課，1936）。
〔註 53〕洪敏麟，《五汊港聚落圖說》，頁 19。
〔註 54〕依照林玉茹在《臺灣港口的空間結構》一書中的港口分級，一級港為國際性的對外通商港口，二級港為官方明令開口之正港口，屬區域性的中心港口，三級港為縣轄境內的出入口之一，屬地區性的中心港口，四級港為里堡之出入口，屬地方性的轉運港口，五級港最低，僅容納小船出入之臨時淀泊港口。梧棲在該書的港口分級中，1784～1830（乾隆 49～道光 10）年間為四級港，1831～1870（道光 11～同治 9）為三級港，1871～1895（同治 10～光緒 21）為二級港。頁 109～111、113、341。

第二節　浩天宮沿革

一、建廟紀事

在清代的地方志書與時人文集、雜著中，均無關於梧棲地區廟宇的記錄，道光 12 年（1832）前後修纂的《彰化縣志》中，則大略記錄了清水及大肚保的廟宇。在大肚頂街（大肚萬興宮）與大肚下街（大肚永和宮）有天后聖母廟，牛罵頭街有觀音亭（清水紫雲巖），大肚保鴨母寮莊有六使公廟（位置不明），大肚保中渡頭莊有廣惠尊王廟（大肚廣興宮）。〔註 55〕關於梧棲地區寺廟的記錄，直到日治時明治到大正年間做了兩次宗教調查，《臺灣總督府公文類纂宗教史料彙編：明治二十八年十月至明治三十五年四月》及《寺廟臺帳》調查書中才有詳細資料可查，之後在民國 48 年（1959）及 72 年（1983）又分別做了兩次寺廟調查。

在明治 30 年 12 月（1898）底止，《臺灣總督府公文類纂宗教史料彙編：明治二十八年十月至明治三十五年四月》中關於梧棲的廟宇，記錄在大肚辦務署的統計表格中，總計十三間廟宇【表 2-3】，浩天宮建立於咸豐 6 年（1856），所在地爲大庄。〔註 56〕

表 2-3 　《臺灣總督府公文類纂宗教史料彙編》梧棲廟宇列表

	名　稱	建立年度	所　在　地	現　　址
1	朝元宮	同治 5 年	梧棲港街	中和里梧棲路 140 號
2	眞武宮	道光 25 年	梧棲港街	中和里西建路 104 號
3	萬興宮	道光 29 年	梧棲港街	中和里民權街 22 號
4	達尊宮	道光 29 年	梧棲港街	位置不明
5	順安宮	光緒 13 年	梧棲港街	安仁里西建路 12 號
6	土地宮	道光 28 年	梧棲港街	位置不明
7	地藏廟	咸豐 5 年	梧棲港街	臨海路 26 號
8	富美宮	咸豐 2 年	下魚寮庄	頂寮里梧北路 117 號
9	有應廟	道光 26 年	下魚寮庄	下寮里梧北路 115 號

〔註55〕〔清〕周璽，《彰化縣志》，頁 154、157～159。
〔註56〕溫國良編譯，《臺灣總督府公文類纂宗教史料彙編：明治二十八年十月至明治三十五年四月》，頁 308～309。

10	斗美宮	同治 3 年	頂魚寮庄	頂寮里四鄰梧北路 290 號
11	浩天宮	咸豐 6 年	大庄	大村里中央路 1 段 784 號
12	福德廟	不詳	大庄	位置不明
13	八角亭	不詳	大庄	位置不明

資料來源：溫國良編譯，《臺灣總督府公文類纂宗教史料彙編：明治二十八年十月至明治三十五年四月》，頁 308～309。

王仲孚總編纂，《梧棲鎮志》，頁 614～615。

　　再根據日治明治末的《寺廟臺帳》記載，浩天宮創立於清雍正元年（1723），在《寺廟臺帳》梧棲街登記的十五間廟宇中，建廟時間是最早的【表 2-4】。依創立緣起的敘述，浩天宮是在雍正元年（1723），廣東人創立了媽祖會，組織四十名會員，最初只是十二坪大的土角茅葺。後於乾隆 56 年（1791），陳厝庄陳德春與大社尤阿斗發起改建。道光 20 年（1840），陳厝庄蔡仁芳與大社楊正義再主倡重建，由「現永在地及附近各庄民」湊集資金改建。咸豐 6 年（1856），由「正總理蔡仁芳與副總理楊正義、董事李森武、卓榮懷、陳順彬、紀馴雅、陳正巳、黃忍心等」主倡，向信徒募金二千，進行大規模改建整修，當時出資建廟的信徒廣達大肚上、中、下保。日治明治 37 年（1904），爐主陳厝庄蔡義武、大庄楊廷輝、梧棲港街楊瑤卿、牛罵頭街蔡蓮舫等再次募金修建，於明治 39 年（1906）整建完成。〔註57〕

表2-4　《寺廟臺帳》梧棲街廟宇資料表

	名　稱	所　在　地	主　神	創立年月日	現　　址
1	朝元宮	梧棲街梧棲字梧棲一九一番地	天上聖母	不詳(約八十年前)	中和里梧棲路 140 號
2	長興宮	梧棲街梧棲字梧棲二六一番地	吉王爺	同治八年	中正里頂橫街 40 號
3	達尊宮	梧棲街梧棲字梧棲二九三番地	福德正神	道光二十九年八月	位置不明
4	斗美宮	梧棲街梧棲字梧棲三三二番地	池王爺	同治三年	頂寮里四鄰梧北路 290 號
5	存眞堂	梧棲街梧棲字梧棲一七○番地	觀音佛祖	咸豐五年	位置不明

〔註57〕 不著撰人，《寺廟臺帳‧臺中州大甲郡 I（下冊）》昭和年間影本，中研院人文社會聯圖（臺史所影印特藏）（出版地不詳：出版者不詳，出版年不詳），無頁碼。

6	感化宮	梧棲街梧棲字梧棲三八六番地	大眾爺	道光二十六年	下寮里梧北路115號
7	富美宮	梧棲街梧棲三八五番地	蕭王爺	咸豐元年	頂寮里梧北路117號
8	保安宮	梧棲街梧棲四一四番地	地藏王	咸豐五年	臨海路26號
9	達天宮	梧棲街梧棲字梧棲五一五番地	福德正神	道光二十七年	草湳里梧南路155號
10	順安宮	梧棲街梧棲字梧棲五四九番地	朱大王爺	不詳(大約八十年前)	安仁里西建路12號
11	萬興宮	梧棲街梧棲字梧棲五九六番地	蘇王爺	道光二十九年	中和里民權街22號
12	眞武宮	梧棲街梧棲字梧棲六一六番地	玄天上帝	道光二十六年	中和里西建路104號
13	浩天宮	梧棲街大庄字大庄二五七番地	天上聖母	雍正元年	大村里中央路1段784號
14	福德祠	梧棲街南簡字南簡百三十六番地	福德正神	不詳(凡百八十年前)	位置不明
15	福德祠	梧棲街南簡字陳厝二百五○番地	福德正神	道光二十八年二月	位置不明

資料來源：不著撰人，《寺廟臺帳・臺中州大甲郡I（上、中、下冊）》。

王仲孚總編纂，《梧棲鎮志》，頁614～615。

　　民國 48 年（1959）的《臺灣省宗教調查書・臺中縣（二）》，對浩天宮的記錄與日治期間的記錄略有出入。建廟年代記錄為「約二百餘年前」，係某住民自雲林縣北港祖廟分靈而來，原奉祀在福德里媽祖厝，因靈感顯著，信徒為感謝聖母庇護，於乾隆戊午，即乾隆 3 年（1738），由總理蔡秋菊發起募款，並遷建於現址，定名為浩天宮。之後於咸豐 6 年（1856），由蔡仁芳與楊正義倡議重修。民國 17 年（昭和 3 年，1928）時，由楊廷輝、楊子培再度募款重修，改築成美觀堂皇之廟宇，擁有梧棲及沙鹿鎮、龍井、大肚等鄉，計有五十三庄之住民崇仰。在祀神部分，還記錄了天上聖母木像的建立年代為嘉慶 11 年（1806）。〔註58〕到了民國 72 年的《臺灣省臺中縣寺廟登記表》，浩天宮的建立年代記錄則為嘉慶 11 年，應是參考民國 48 年調查

〔註58〕王先知填表，中央研究院民族學研究所典藏，《臺灣省宗教調查書・臺中縣（二）》（出版地不詳：臺灣文獻會整理，1959），無頁碼。

記錄中，關於聖母神像的建立年代而判定的結果，但沒有重修記錄。〔註59〕

綜上所述，就目前可見文獻記錄，從日治到民國的宗教調查，浩天宮建廟記錄中，時間最早的是雍正元年，最晚的是嘉慶11年。浩天宮的創立年代，時間最早爲雍正元年成立的媽祖會，因當時只是草創的土角茅葺，直到乾隆3年（1738），才由總理蔡秋菊發起募款建廟，定名爲浩天宮。因此，浩天宮建於乾隆3年說，爲大多數文獻所採用。〔註60〕此外，浩天宮曾經遷建，舊址在舊名媽祖厝（今福德里）的東天宮，遷建時間有二，一說爲乾隆3年，另一說爲咸豐6年，遷建說也是大多數研究者的共識。〔註61〕換言之，浩天宮確定於清代建立，至遲於咸豐6年（1856）時，大庄媽便駐駕於現址，守護著鄉土與芸芸眾生。

二、廟宇建築

浩天宮建廟歷史悠久，曾歷經遷建並數度整修【表2-5】。

表2-5 浩天宮建廟沿革大事紀

整修時間	發 起 人	資 料 來 源	備 註
雍正元年（1723）	廣東人媽祖會	《寺廟臺帳・臺中州大甲郡 I（下冊）》	土角茅葺
乾隆3年（1738）	總理蔡秋菊	1959《臺灣省宗教調查書・臺中縣（二）》	遷建於現址，定名爲浩天宮
乾隆56年（1791）	陳厝庄陳德春、大社尤阿斗	《寺廟臺帳・臺中州大甲郡 I（下冊）》	
嘉慶11年（1806）	無登記	1983《臺灣省臺中縣寺廟登記表》	

〔註59〕中央研究院民族學研究所典藏，《臺灣省臺中縣寺廟登記表》（出版地不詳：臺灣文獻會整理，1983），無頁碼。

〔註60〕採用乾隆3年建廟說的有：董倫岳撰文，《梧棲古文書史料專輯》，頁205。王仲孚總編纂，《梧棲鎮志》，頁608。王立任，《歷史建築大庄浩天宮調查研究計畫期末報告書》，頁34。陳聰民，〈梧棲鎮朝元宮初探〉，頁340。

〔註61〕浩天宮由媽祖厝遷建於現址一說，引自梧棲福德里〈東天宮沿革誌〉。東天宮爲蔡氏宗祠復德堂，已有三佰多年歷史，現供奉主神司命眞君，沿革中言明東天宮「原址本供奉天上聖母（原是客籍人士所供奉），至秋菊公後購得大庄之地，而將天上聖母遷移至大庄浩天宮現址。」全文參附錄四。採用浩天宮咸豐6年遷建現址說的有王立任、董倫岳、王仲孚。但〈東天宮沿革誌〉中並沒有提及將天上聖母移至大庄浩天宮現址之年代爲咸豐6年。

道光20年 （1840）	陳厝庄蔡仁芳、大社楊正義	《寺廟臺帳·臺中州大甲郡 I（下冊）》	
咸豐6年 （1856）	正總理蔡仁芳、副總理楊正義、董事李森武、卓榮懷、陳順彬、紀馴雅、陳正巳、黃忍心	《臺灣總督府公文類纂宗教史料彙編》[1]、《寺廟臺帳·臺中州大甲郡 I（下冊）》、[2] 1959《臺灣省宗教調查書·臺中縣（二）》	確定位置於大庄現址
光緒20年 （1894）	楊瑤卿	王立任，《歷史建築大庄浩天宮調查研究計畫期末報告書》，頁80。	修建三川殿
明治37年 （1904）	爐主陳厝庄蔡義武、大庄楊廷輝、梧棲港街楊瑤卿、牛罵頭街蔡蓮舫	《寺廟臺帳·臺中州大甲郡 I（下冊）》	明治39年（1906）整建完成
昭和3年 （1928）	楊廷輝、楊子培	1959《臺灣省宗教調查書·臺中縣（二）》	

表註：〔1〕《臺灣總督府公文類纂宗教史料彙編：明治二十八年十月至明治三十五年四月》記錄咸豐6年為「建立年代」。

〔2〕《寺廟臺帳》沒有註記咸豐6年為「遷建」。

　　從目前可考文獻資料中，最早的遷建記錄時間為乾隆3年（1738），整修記錄最早為乾隆56年（1791），但因年代久遠，其中細節已不可考；道光20年（1840）與咸豐6年（1856）的整建，發起人同為蔡仁芳與楊正義，但文獻記錄並未註明咸豐6年之整建為「遷建」；光緒20年（1894）則有楊瑤卿修建三川殿。〔註62〕日治時期的改建，《寺廟臺帳》記錄為明治37年（1904），39年竣工；民國48年（1949）的《臺灣省宗教調查書·臺中縣（二）》則記錄為昭和3年（1928），兩次改建的發起人中均有楊廷輝，可能明治37年的整修只歷經兩年，工事未盡完善，24年後又再度發起修繕。

　　在查有記錄的整修記錄中，以昭和3年（1928）最重要，本次改築工程已規劃數年，經過多次商討，終於在昭和3年動工。在昭和2年（1927）4月26日《臺灣日日新報》中報導「大甲郡梧棲街大庄浩天宮係祀天上聖母，廟之建築由來已久。自數年前，廟之董事八名，即認有改築之要。……室內益見有倒壞之危，庄民多有望其及早改築云。」〔註63〕工事直到昭和11年（1936）才完成，成為如今三開間的巍峨規模，可知工程浩大。昭和11年12月24日

〔註62〕　王立任，《歷史建築大庄浩天宮調查研究計畫期末報告書》，頁80。

〔註63〕　〈梧棲浩天宮改築問題〉，《臺灣日日新報》（臺灣），1927年4月26日（四）。

《臺灣日日新報》中報導了浩天宮修築工程的竣工消息「大甲郡梧棲街大庄
浩天宮，自十年前修築，工事至今告竣……」，並因此建醮三天，〔註64〕足證
大庄媽在地方上的重要性。本次改築工事包含三川殿、正殿及後殿，邀請當
代著名的木雕師發旦司製作木雕，其他尚有石雕、交趾陶等作品，極具民間
藝術特色，修整工程前後歷時八年才完成。到了民國 51 年（1962），信眾倡
議修建後殿，以供奉觀音佛祖。工程完成後，聘請名匠阿沛司施做廟宇彩繪
工程，〔註65〕阿沛司即劉沛，來自石岡，為當代著名的彩繪司傅。劉沛早期
為糊紙學徒，因精於彩繪，進而參與建築彩繪，南投埔里黃宅、霧峰林家、
豐原慈濟宮、苗栗通霄慈惠宮等，皆為劉沛作品。劉沛與其子劉福銀、孫劉
昌洲三代皆從事彩繪工作，苗栗、臺中、南投許多民宅、廟宇彩繪，皆出自
劉沛家族之手。〔註66〕現在浩天宮三川殿所見之木作結構及石雕、龍柱、交
趾陶，均為昭和 3 年修建工程所做，而彩繪部分則為民國 51 年劉沛家族作品。
今日浩天宮門神即是當時阿沛司所繪，雖稍有斑駁，但仍看得出精細的構圖
線條，色彩依舊鮮豔，門神面容栩栩如生【圖 2-9】。

圖 2-9　浩天宮門神

圖版：李仁弘拍攝　　（拍攝日期 103.11.27）

〔註64〕　〈梧棲浩天宮媽祖建醮廿四日起三天〉，《臺灣日日新報》（臺灣），1936 年 12
　　　　月 24 日（十二）。

〔註65〕　浩天宮於昭和 3 年的修建細節，詳參王立任，《歷史建築大庄浩天宮調查研究計
　　　　畫期末報告書》，頁 80～81。該文提到浩天宮的木雕工程委託於來自中國大陸，
　　　　且在鹿港龍山寺雕刻小木作的「發旦司」施作，但對此人生平目前尚無可稽考。

〔註66〕　蔡雅蕙，〈石岡彩繪司傅劉沛〉，《臺灣文獻》，55：1（南投，2004.03），頁 297
　　　　～358。

　　由於浩天宮在地方開發史佔有重要地位，建築方面又出自當代優秀匠師之手，能表現地域風貌和民間藝術特色，兼具歷史文化及建築史或技術史之價值，因而在民國 99 年（2010）3 月 10 日被臺中市文化局指定爲歷史建築。

第三節　浩天宮宗教活動與組織

一、北港朝天宮刈香

　　「進香」在臺灣寺廟中是很普遍的活動，大小廟宇都經常舉辦，有些是定期舉辦，有些則是不定期。通常進香是寺廟的大事，需要信徒們共襄盛舉，參加活動的人數越多，代表信眾越多，號召力就越大。在臺灣中部媽祖廟的進香活動中，以白沙屯拱天宮、大甲鎮瀾宮、大庄浩天宮的進香活動人數最多，規模最大。「進香」所經過之處，皆有其他宮廟接香，可看出宗教區域組織大小、信仰圈〔註67〕及信徒分布範圍，是一種共有香火的網絡關係。

　　大庄浩天宮的宗教區域組織有五十三庄，進香活動是爲了從北港朝天宮刈香、掬火。一般進香之內涵包括了分香、刈香及掬火，具有延續香火關係和分取靈力的意義。〔註 68〕臺灣很多地方公廟會定期或不定期舉辦進香活動，前往廟宇所供奉神祇之香火來源地「刈火」，或到其他香火較旺、歷史較久，且主神相同的廟宇「進香」、「會香」、「參香」。不論是「刈火」、「進香」、「會香」或「參香」，都統稱爲進香。整個進香過程，從進香團隨著神明出廟開始，到達目的地舉行刈香或會香儀式，回程時在神明的轄區遶境，最後返回原廟才結束。過程具有文化與歷史的傳承意義，目的是爲了擷取其他廟宇的香火，希望自己寺廟的香火更旺，除了分享香火，也有更新香火之意。以寺廟奉祀神明的香火來源之祖廟，做爲寺廟進香之目的地，則是以香火傳承

〔註67〕　林美容對信仰圈的定義爲：某一區域範圍內，以某一神明及其分身之信仰爲中心信徒之志願的宗教組織。即以一神爲中心，成員資格爲志願性，且成員分布範圍超過該神的地方轄區，則謂其爲信仰圈。進香組織通常是一種臨時性的、任務性的組織，進香活動結束後即解散，因此進香組織並非信仰圈組織，不可視爲進香朝拜之主神的信仰圈指標。見林美容，〈彰化媽祖的信仰圈〉，收入氏著，《媽祖信仰與臺灣社會》（臺北縣蘆洲市：博揚文化，2006），頁 57～135。

〔註68〕　林淑鈴，〈重現超凡入聖之境？臺中縣媽祖廟之進香〉，收入林淑鈴等撰稿，《中縣開拓史學術研討會論文集》（豐原市：臺中縣立文化中心，1994），頁 2～43。

的儀式，來維持與祖廟間的聯繫關係。〔註69〕大庄浩天宮進香的目的地爲北港朝天宮，在朝天宮舉行分撥聖火（舀火）儀式，早期前往北港的時間並不固定，自民國79年（1990）後，以每兩年舉行一次爲原則。此活動也可印證《寺廟臺帳》中「本尊北港媽祖分香，數回祖廟進香」，及民國48年（1959）《臺灣省宗教調查書・臺中縣（二）》的記錄中所說「由雲林縣北港祖廟分靈而來」的說法。

　　浩天宮前往北港朝天宮刈香的活動從何時開始，已不可考，但廟方保留的一面進香頭旗【圖2-10】，上面有明確日期「明治四十一年歲次戊申孟春月吉置」（1908），下款「梧棲街信士楊瑤卿叩」，旗面上有「大庄」及「浩天宮北港進香」字樣，證明浩天宮前往北港進香的活動已持續百年以上。整個進香行程爲二天，起駕時先前往沙鹿玉皇殿，向玉皇大帝致祭，再出發南下，直達北港朝天宮。當晚在朝天宮舉行祝壽典禮，並呈遞疏文及分撥香火，隨後在次日凌晨起程回駕。回程時會經過彰化大村，此處舊名燕霧大庄，因與梧棲大庄有同名之誼，故浩天宮每往朝天宮進香，回鑾時必經此處，在大村慈雲寺接受當地信眾參拜。之後沿花壇北上，回抵大肚保五十三庄，由轄區五十三庄宮廟接香，一路返回浩天宮，當晚即舉行合火儀式，整個進香活動始告完成。〔註70〕

　　浩天宮前往北港朝天宮進香的活動，已持續百年以上歷史，活動首先前往沙鹿玉皇殿，致祭玉皇大帝後才南下北港，回程時又必到彰化大村，最後才沿著五十三庄回到大庄。由此可說明，浩天宮在地方有很高的號召力，與其他地方宮廟也維持著良好的關係，最後繞境五十三庄，讓其他宮廟分享香火，更具有香火均霑的儀式意義，維繫五十三庄的區域性宗教組織。

〔註69〕林美容，〈進香的社會文化與歷史意義〉，收入氏著，《媽祖信仰與臺灣社會》，頁423～427。
〔註70〕王立任，《歷史建築大庄浩天宮調查研究計畫期末報告書》，頁57～58。

圖 2-10　明治 41 年浩天宮北港進香頭旗

圖版：浩天宮管理委員會編審，《梧棲大庄浩天宮簡介》
（臺中：浩天宮管理委員會，未著年代），頁 9。

二、五十三庄

　　浩天宮信徒分布區域，在日治時期的《寺廟臺帳》中記錄爲「沙轆支廳
梧棲街大庄、陳厝、南簡大部，鴨母寮一部，龍井庄茄投、三塊厝一部，清
水街清水、三塊厝、大槺榔、社口一部」，即涵蓋了梧棲、龍井及清水，又記
錄「信徒區域有大肚中堡全部、大肚上堡及大肚下堡一部」，顯示此時的浩天
宮在大肚中保已是地位崇高的地方公廟，爲重要的大肚中保媽祖信仰。民國
48 年（1959）《臺灣省宗教調查書‧臺中縣（二）》中則記錄爲「擁有本鎮及
沙鹿鎮、龍井、大肚等鄉，計有五十三庄之住民之崇仰」，這個記錄中清楚寫
出「五十三庄」。就字義解釋，「五十三庄」指的是一個宗教區域內所有參與
的村莊數目，但地方區域的村莊數是會隨著時代變動的，並不一定剛好有五
十三庄。〔註71〕

〔註71〕在宗教組織中，村莊數目以七十二、五十三最爲常見，但原因難以考察。詳

圖 2-11　日治時期大肚上、中、下堡圖

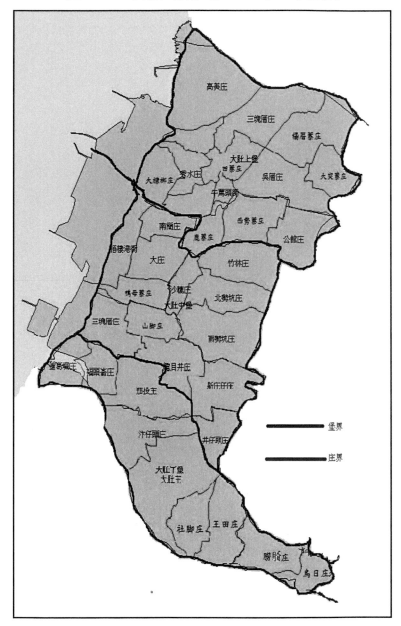

資料來源：中央研究院 GIS，臺灣百年歷史地圖「臺灣新舊地圖比對：臺灣
　　　　堡圖（1898〜1904）」（瀏覽日期 2014/12/08）
　　　　http://gissrv4.sinica.edu.tw/gis/twhgis.aspx

見林美容，〈臺灣區域性宗教組織的社會文化基礎〉，收入氏著《媽祖信仰與
臺灣社會》，頁 221。

在媽祖廟的區域性宗教組織中，據林美容的研究，擁有「五十三庄」區域性宗教組織的媽祖廟，除了梧棲浩天宮，還有大甲鎮瀾宮、大肚萬興宮、中港慈裕宮、北斗奠安宮、斗南順安宮等。這些媽祖廟所擁有的宗教組織與信徒的祖籍有關係，中港慈裕宮有泉籍及客籍，梧棲浩天宮、大甲鎮瀾宮為泉籍，大肚萬興宮為漳籍，北斗奠安宮有泉籍及漳籍，斗南順安宮有漳籍及福佬客。〔註72〕這些媽祖廟的宗教組織涵蓋的範圍都很大，但組織內信徒的祖籍卻相對單純，能與臺灣聚落特色相印證。以臺中三座媽祖廟來說，梧棲浩天宮的大肚中保與大甲鎮瀾宮的大甲保，均屬泉州人聚落，大肚萬興宮的大肚下保則為漳州人聚落，與日治時期的漢民族鄉籍貫調查相符，〔註73〕可見區域性宗教組織的形成和漢人聚落的發展有很大的關聯。

區域性宗教組織的單位是「庄」（莊），是地方行政中的基本單位。漢人渡臺後聚居的村落稱為庄，待發展成人煙稠密、屋宇縱橫，且有市肆時，便稱作「街」，將數個街庄聯合起來，共同辦理街庄事務，就成為一個「聯庄組織」。戴炎輝在《清代臺灣之鄉治》中說明了聯庄組織：「以自然街庄為基礎，由紳衿、耆老、業戶、殷商、族長等共同辦理街庄事務。進而數街庄至數十街庄聯合，構成聯庄組織，置總理綜理區內事務。」〔註74〕可見臺灣最早的聯庄是為了讓各庄之間能守望相助，以防止盜賊來犯。乾隆51年（1786）臺灣發生林爽文、莊大田事件，由於官兵不足，盜賊四起，許多村莊遭受擄掠。臺灣縣知縣王露於是聯合各個民莊，共同抵禦賊人侵犯，「設為聯莊之法，使之彼此互相救援，亦古者守望相助之遺意也。」〔註75〕最後保全了村莊，瓦解盜賊勢力，民眾與官府皆歸功於聯庄的成功，聯庄組織成為地方保安的政策，更進一步提升為地方自衛的武力，能有效協助官府維持治安。道光13年（1833）臺灣發生張丙之亂，王得祿也希望藉助聯庄的力量來追捕

〔註72〕除了媽祖廟外，供奉觀音的清水紫雲巖亦有五十三庄宗教組織。詳見林美容，〈臺灣區域性祭典組織的社會空間與文化意涵〉，收入氏著《媽祖信仰與臺灣社會》，頁241～246。

〔註73〕黃秀政據昭和元年臺灣總督府官房調查課所做的《臺灣漢民族鄉籍貫調查》，臺中梧棲的居民祖籍以泉州籍最多，佔99.2%；大甲居民亦以泉州籍最多，佔89.1%；大肚則以漳州籍最多，佔82.1%。詳見黃秀政，《臺中縣海線開發史》，頁66～67。

〔註74〕戴炎輝，《清代臺灣之鄉治》（臺北：聯經出版，2012），頁118。

〔註75〕臺銀經濟研究室編，《臺案彙錄甲集卷三·附錄：紀莊大田之亂》（臺北市：臺灣銀行，1959），頁250。

盜賊，在三月初二日上諭提到「前任提督王得祿情願親往嘉義，聯莊捕匪，俾免餘灰復燃」，〔註76〕顯示當時的聯庄組織已具有一定的規模。

臺灣中部的聯庄組織在清道光後更爲盛行，由當時署鹿港海防同知的陳盛韶積極推動，希望提高地方防禦能力，「惟選立聯首，奉行聯甲，以小村聯大村，以遠村親近村，同心緝捕，保固相鄰」，〔註77〕好應付地方械鬥或民亂，將特定的區域聯結成一體。形成聯庄組織後，從地方保安的目的，漸次擴大到共同處理公共事務，再發展出擁有共同信仰的宗教組織。郭伶芬在〈清代臺灣大肚保聯庄組織形成之研究〉一文中，統計出清代大肚保有九個聯庄組織，是爲了因應維護治安、民間信仰、水利灌溉等需求而形成，形成時間最早的是嘉慶 10 年（1805）。〔註78〕另在許雪姬《龍井林家的歷史》一書中，收錄一則道光 21 年（1841）六路厝等二十八庄聯庄約條，其中包含了龍井、沙鹿，和梧棲的陳厝庄、大庄、火燒橋、南簡庄及八張犁。〔註79〕這是一份以地方保安爲目的的聯庄合約，已經看到梧棲地區的村莊加入，以聯合保安爲目的，初步整合了大肚中、下保各庄。

浩天宮的「五十三庄」聯庄信仰從何時形成，已無從稽考，但應是一種以共同宗教組成的聯庄廟組織，是以民間信仰爲需求而形成的組織。在這個聯庄組織中的民眾，信奉相同的神明，參加相同的祀典活動，推崇同一座地方公廟爲首，以宗教信仰凝聚地方空間，而且族群特色十分明顯，可能是在以治安爲目的的保安聯庄組織之後，才進一步衍生的宗教聯庄。五十三庄是一個大範圍，庄名無法一一考察，從可查文獻中，昭和 11 年（1936）12 月 24 日的《臺灣日日新報》報導了浩天宮建醮三天的新聞，提到「董事陳玉振……四十餘名。竝頂大肚中堡，五十三庄善信籌開，……」〔註80〕這裡已提到了五十三庄，而最早正式記錄浩天宮「五十三庄住民崇仰」的則爲民國 48 年（1959）《臺灣省宗教調查書・臺中縣（二）》。浩天宮的信徒分布範圍雖以梧

〔註76〕臺灣銀行經濟研究室編，《清宣宗實錄選輯（一）》（南投市：臺灣省文獻委員會，1997），頁 137。
〔註77〕〔清〕陳盛韶，《問俗錄》，頁 87。
〔註78〕郭伶芬，〈清代臺灣大肚保聯庄組織形成之研究〉，《臺灣人文生態研究》，6：1（臺中，2004.01），頁 1～34。
〔註79〕許雪姬，《龍井林家的歷史》（臺北市：中央研究院近代史研究所，1990），文書契字 10。
〔註80〕〈梧棲浩天宮媽祖建醮廿四日起三天〉，《臺灣日日新報》（臺灣），1936 年 12 月 24 日（十二）。

棲陳厝庄及大庄爲主，但據早期的宗教調查記錄，信徒也涵蓋沙鹿、清水、
龍井和大肚的一部分，與日治時期的大肚中保範圍大致相同。而鄰近的大肚
上保萬興宮，也是擁有五十三庄聯庄的媽祖廟，範圍以大肚爲主，也涵蓋龍
井一部分和西屯區。就族群區分，萬興宮的信徒以漳洲人爲主，而大庄浩天
宮則以泉州人爲主，兩者涇渭分明。據說，早期龍井的龍津、中和、三塊厝，
及梧棲的安龍港等泉庄，均參加了漳人的萬興宮五十三庄繞境，後來決定轉
而參加泉籍爲主的大庄浩天宮繞境，〔註 81〕充分顯示族群因素在宗教組織中
的重要性。這個例子可以看到，臺灣漢人的「村莊（庄）」是一個基本的社會
單位，具有儀式共同體與命運共同體的特性，可以自由選擇或決定，要加入
哪一個超村際的組織，民間信仰充分展現了這個特性。〔註 82〕

　　浩天宮的信徒區域在日治時期便已確定，以大肚中保的梧棲爲主，還涵
蓋部分的清水、沙鹿、龍井、大肚。最晚在民國 48 年，浩天宮便以「五十三
庄大庄媽」爲號召，凝聚了梧棲與鄰近地區的泉籍信徒，組成了跨區域的宗
教組織。

〔註81〕林美容，〈臺灣區域性宗教組織的社會文化基礎〉，收入氏著《媽祖信仰與臺
　　　　灣社會》，頁 217。
〔註82〕林美容，〈臺灣區域性宗教組織的社會文化基礎〉，收入氏著《媽祖信仰與臺
　　　　灣社會》，頁 221。

圖 2-12　臺中市現行行政區局部與 1906 年臺灣堡圖對照

資料來源：資料來源：中央研究院 GIS，臺灣百年歷史地圖「臺灣新舊地圖
　　比對：臺灣堡圖（1898～1904）」（瀏覽日期 2014/12/08）
　　http://gissrv4.sinica.edu.tw/gis/twhgis.aspx

第四節　小　結

　　從梧棲的開發史來看，依族譜記錄，在康熙末年即有漢人來到梧棲地區。
但依照清代方志及文獻來看，直到康熙末年，梧棲都尚未形成漢人聚落。雍
正 9 年（1731）發生了大甲西社事件後，中部平埔族的勢力因官府理番政策
而削弱，才讓漢人大量入墾。乾隆時期的漢人移民逐漸在臺灣中部建立村莊，
最晚在乾隆中葉時，梧棲地區出現了漢人聚落。到嘉慶年間，在今日的行政

區北從南簡里、福德里，南到永安里一帶，漢人聚落持續增加，所用地名有
南簡庄、陳厝庄、八張犁、鴨母寮、詔安厝等。到了道光年間，梧棲的港口
功能開始被重視，逐漸取代鄰近的水裡港，成為大肚溪到大甲溪之間的重要
港口，開啟了梧棲地區的繁榮。古文書〈道光26年署臺灣北路理番駐鎮鹿港
總捕分府為示諭交納事〉中，記錄「道光十二年後，灣日徙而南，棧始漸遷
近塭，從此船來日多，屋亦日蓋日眾，十年來幾成街市」，說明梧棲港在道光
初年新興，道光 12 年（1862）逐漸繁榮，道光 22 年（1872）後形成街市。
可知從道光年到咸同年間，是梧棲地區發展最快速的時間，這段期間，梧棲
因港口之利，開始在地方志書中佔有一席之地，憑藉商貿的發達，不僅人口
增加，經濟發展也很快速，梧棲許多廟宇都在此期間創立。

　　梧棲地區在地方志書和輿圖中，直到乾隆中葉才看到漢人聚落，乾隆年
後的民間契約文書也才開始出現南簡庄、八張犁庄，另有乾隆 38 年（1773）
吳堉在此墾耕的記錄。《寺廟臺帳》中記錄浩天宮創立於雍正元年（1723），
多數研究者則認為浩天宮建廟於乾隆 3 年（1738），但若以漢人聚落出現的時
間來說，建廟於雍正元年或乾隆 3 年，時間上都似乎太早。浩天宮現址位於
今天的大村里，信徒暱稱為「大庄媽」，舊址在舊稱媽祖厝的福德里。從民間
文書和古碑碣來看，現屬福德里的陳厝庄在嘉慶 4 年（1799）出現；「沙轆大
庄後」（今興農里）則出現於道光 6 年（1826），道光 11 年（1831）的〈嚴禁
佔墾西勢牧埔碑〉〔註 83〕中出現「沙轆大庄」；道光 10 年（1830）才出現了
「大庄九張」（今大庄里），道光 12 年（1862）的〈嚴禁恃強佔墾西勢牧埔碑〉，
〔註 84〕出現了「大庄」，而地方志書更晚到同治年才出現「大莊」。

表2-6　清領時期梧棲地區漢人聚落時間表

時　　間	舊地名	現行地名	資　料　來　源
乾隆 11 年（1746）	鴨母寮	永寧里、永安里	〈乾隆 11 年水裏社番眉志目土官甘馬轄、大宇等再給佃批〉
乾隆中葉（1762～1765）	八張犁庄	興農里	《乾隆臺灣輿圖》
	詔安厝	興農里	
乾隆 45 年（1780）	南簡庄	南簡里	〈乾隆 45 年迁善北社番萬感立給墾批字〉

〔註 83〕此碑藏於大庄浩天宮文物室內。
〔註 84〕此碑嵌於浩天宮三川門龍邊內壁。

嘉慶元年（1796）	八亭後、火燒橋坪	興農里	〈嘉慶元年遷善南北社番烏肉進生立給批塭契字〉
嘉慶 4 年（1799）	陳厝庄	福德里	〈嘉慶 4 年遷善南北社業戶通土以及頭目番立出贌字〉
道光 6 年（1826）	沙轆大庄後	興農里	〈道光 6 年吳色等立杜賣盡根契〉
道光 10 年（1830）	大庄九張	大庄里	〈道光 10 年周順等兄弟立杜賣盡根字〉
道光 11 年（1831）	沙轆大庄	興農里	〈嚴禁佔墾西勢牧埔碑〉
道光 12 年（1832）	大庄	大庄里	〈嚴禁恃強佔墾西勢牧埔碑〉
道光 12 年（1832）	海墘厝	興農里	《彰化縣志》
	竹圍內	福德里	
道光 26 年（1846）	沙轆鰲栖港街	頂寮里以南，草湳里以北	〈道光 26 年署臺灣北路理番駐鎮鹿港總捕分府示諭〉
同治初年（1862）	大莊	大庄里、大村里、興農里	《臺灣府輿圖纂要》

　　由文獻推論，梧棲地區的開發應是從北部的南簡里、南部的永寧里、興農里開始，大約在乾隆初中葉，福德里約在嘉慶初，中部的大庄里、大村里開發時間稍晚，應是道光年才開始開發，直到同治年間形成大聚落，才被官方記載於志書中，最晚開發的則是臨海的頂寮里以南到草湳里以北。以梧棲地區的開發順序來說，位於大村里的大庄媽出現在道光年是比較合理的推測，而兩塊古碑碣也可證明，大庄聚落出現於道光年，故浩天宮的建廟時間應不晚於道光年間。若從日治到民國的宗教調查來說，浩天宮係「北港分香」，故需回北港祖廟刈香。相傳北港朝天宮建於康熙年間，最晚在咸豐初年，北港朝天宮已成為南臺最具名望的媽祖廟，同治時期，前往北港進香的信徒絡繹不絕。〔註85〕民國 48 年（1959）《臺灣省宗教調查書・臺中縣（二）》中曾記錄，浩天宮天上聖母木像的建立年代為嘉慶 11 年（1806），《寺廟臺帳》則記錄了道光 20 年（1840）由陳厝庄蔡仁芳、大社楊正義發起的整建。據此記錄推測，浩天宮可能在嘉慶 11 年（1806）或稍晚的道光年，由北港朝天宮分香迎來媽祖神像，但直到道光 20 年（1840）才由陳厝庄蔡仁芳、

〔註85〕王見川，〈歷史、權力與香火：北港朝天宮宗教地位形成之分析〉，收入王見川、李世偉作，《臺灣的民間宗教與信仰》（臺北縣：博揚文化，2000），頁 241～260。

大社楊正義募款修建廟宇。因此，籍貫沙鹿竹林庄的曾作霖，在道光 10 年（1830）參與纂修《彰化縣志》時，[註86] 才未在天后聖母廟中記錄浩天宮。

　　至於浩天宮建廟於媽祖厝舊址，之後才遷建於大庄現址說，來自〈東天宮沿革誌〉，但沒有說明遷建年代，浩天宮本身也無廟史沿革碑記記錄此事。除〈東天宮沿革誌〉外，在明治 30 年（1898）的《臺灣總督府公文類纂宗教史料彙編》只記錄了咸豐 6 年（1856）為建立年代，且位址在大庄；稍晚的《寺廟臺帳》記錄了道光 20 年（1840）的整建，發起人為「陳厝庄蔡仁芳、大社楊正義」，由「現永在地及附近各庄民」湊集資金改建。從「現永在地」的字句中，似可看出浩天宮曾有過遷址。咸豐 6 年（1856），由「正總理蔡仁芳與副總理楊正義、董事李森武、卓榮懷、陳順彬、紀馴雅、陳正巳、黃忍心等」主倡，進行大改建。兩次整建記錄時隔十六年，發起人相同，但兩人分別多了正副總理頭銜，也有董事數人，顯示此時浩天宮已具有基本管理組織，且能向大肚上、中、下保之信徒募款，進行大規模改築。對照梧棲地方開發史，及兩次日治時代調查，加上與〈東天宮沿革誌〉比對，浩天宮正式建廟時間應在道光年，亦可確定咸豐 6 年時，浩天宮確實已經位於大庄現址。至於咸豐 6 年的整建，是否為遷建？尚待文物調查做進一步印證。

　　至於浩天宮五十三庄的區域性宗教組織，形成時間實難考察，但從日治時期的《寺廟臺帳》來看，當時的浩天宮已成為大肚中保的媽祖信仰中心，擁有梧棲、清水、沙鹿、龍井和大肚的信徒，並隨著聯庄組織擴大，成為五十三庄信徒的共同信仰。昭和 11 年（1936）12 月 24 日的《臺灣日日新報》中已提到「五十三庄」，可見當時浩天宮的區域性宗教組織已經成形，到民國 48 年（1959）的《臺灣省宗教調查書・臺中縣（二）》中，便明確寫出浩天宮為五十三庄住民之崇仰。從日治到民國 48 年間，大庄媽的地位不斷提升，信徒也穩固於大肚中保，繼而成為五十三庄信徒心中的大庄媽。在日治時的《臺灣日日新報》中，能查找到關於大庄浩天宮的新聞，報導大庄浩天宮的媽祖進香、聖母誕辰慶典、廟宇改築、迎神繞境等活動，顯示其能見度的提升，在地方上的地位已是不可取代。

〔註86〕林文龍，〈曾作霖主稿《彰化縣志》與掌教藍田書院：兼談其籍貫問題〉，頁 20～28。

圖 2-13　梧棲東天宮

圖版：林郁瑜拍攝（拍攝日期 103.11.8）

圖 2-14　〈東天宮沿革誌碑〉

圖版：林郁瑜拍攝（拍攝日期 103.11.8）

第三章　浩天宮文物調查成果

　　浩天宮文物實地田野調查，依逢甲大學新星計畫「面海的女神——臺中市濱海地區媽祖廟文物與信仰研究」計畫案執行，〔註1〕分別於民國 102 年（2013）9 月 13 日、10 月 14 日及 11 月 15 日共進行三次，調查登錄文物總計 22 件。

　　過去的文化資產保存計畫，習慣將值得保存登錄的對象稱爲「古物」。按文化資產保存法（民國 94 年 2 月 5 日修訂）第 3 條第 6 款的定義，古物係「指各時代、各族群經人爲加工具有文化意義之作品、生活及禮儀器物及圖書文獻等」，即可將古物粗分爲（一）藝術作品、（二）生活及儀禮器物、（三）圖書文獻三大類。就這三大類別而言，在寺廟中以生活及儀禮器物爲最大項，神像、匾額、供器均屬此類。而寺廟中常見有碑碣，這些碑碣所記文字往往與地方開發史、寺廟沿革史有密切關係，爲歷史研究的第一手史料。依「文化資產保存法施行細則」第 2 條所指，碑碣係屬「古蹟及歷史建築」之附屬設施，不屬上述三大類中，因此在分類上與其他無法被歸類之對象，獨立爲（四）「其他」類。然「古物」應指具有歷史年代之對象，若將近現代文物列入調查範圍，便不符合「古物」意義，因此已有學者提出將「古物」改爲「文物」的說法，以便納入具有特殊文化意義，但屬於近現代產物之對象。〔註2〕

〔註1〕 「面海的女神——臺中市濱海地區媽祖廟文物與信仰研究」計畫，李建緯主持，劉常山、張志相共同主持，逢甲大學歷史與文物研究所執行，執行時間 102 年 1 月 1 日至 102 年 12 月 31 日。
〔註2〕 依「文化資產保存法施行細則」第 7 條，藝術作品係「指應用各類材料創作具賞析價值之藝術品，包括書法、繪畫、織繡等平面藝術與陶瓷、雕塑品等。」

　　本文所做調查，希望將浩天宮所屬，具有特殊歷史文化意義之對象逐一清查登錄，為浩天宮記錄傳世之有形文化資產，對這些私有文物有完整的認識，以備做進一步的研究。登錄文物的原則，以具有歷史文化意義之物件為主，時間斷限以清代至日治為限，但若是具有特殊意義之文物，則不在此限。登錄內容力求詳盡，特別在文物器表的文字、工藝、保存現況及文物尺寸方面，均務求一一詳細觀察、丈量登錄。

表 3-1　梧棲浩天宮文物調查一覽表

102 年 9 月 13 日調查							
文物類別	登錄文物名稱	文物項別	登錄流水號	年　　款	製作年代	贊助者	尺寸（公分）
（二）	「聖德昭宏」匾	（3）	001	昭和戊辰年仲冬穀立	日治昭和 3 年（1928）	紀應懷、紀應琛	長 200，寬 72，厚 4～5
（二）	「聖德配天」匾	（3）	002	昭和戊辰年穀旦	日治昭和 3 年（1928）	楊星遠	長 200，寬 72，厚 6～7
（二）	「護國保民」匾	（3）	003	昭和三年陽月穀旦	日治昭和 3 年（1928）	楊金參、楊朝枝	長 170，寬 60，厚 3～4
（二）	筒形磬足光緒款青瓷香爐	（2）	004	光緒伍年歲次己卯潤桐月置	清光緒 5 年（1879）	紀經講	器口內徑寬 18，外徑寬 22，高 18
（二）	刈火爐	（2）	005	無	推測為日治後期	廟方自置	器口內徑寬 21，外徑寬 25，高 16
（二）	「德保生民」匾	（3）	006	同治三年三月吉旦	清同治 3 年（1864）	王楨、鄭荣	長 180，寬 55，厚 2～3
（二）	「神昭海表」匾	（3）	007	中華民國乙巳年	中華民國 54 年（1965）	北港朝天宮管理委員會	長 210，寬 90，厚 4～5
（二）	「功同天地」匾	（3）	008	大正庚申年梅月穀旦	日治大正 9 年（1920）	林嘉與	長 180，寬 72，厚 35

生活及儀禮器物，係「指各類材質製作之日用器皿、信仰及禮儀用品、娛樂器皿、工具等，包括飲食器具、禮器、樂器、兵器、衣飾、貨幣、文玩、家具、印璽、舟車、工具等。」圖書文獻，指「包括圖書、文獻、證件、手稿、影音資料等文物。」彰化縣文化局委託，逢甲大學歷史與文物研究所執行，李建緯主持，《第二期彰化縣古蹟中既存古物登錄文化資產保存計畫》（彰化市：彰縣文化局，2013），頁 7～8。

				道光丁未年同月	清道光27年	蔡振玉、	
（二）	「澤被海邦」匾	（3）	009	明治三十九年丙午陽月	（1847）日治明治39年（1906）重修	蔡雲龍、楊瑤卿暨眾弟子	被其他匾額遮掩，無法測量
（二）	金閣寺鏨刻紋銅爐	（2）	010	無	推測爲日治昭和晚期	無	爐口內徑寬35，最大器寬52，高23
102 年 10 月 14 日調查							
（二）	二媽神像	（1）	011	無	疑爲日治？	無	高62，寬29，深25
（二）	三媽神像	（1）	012	無	疑爲清代？	無	高37，寬21，深19
（四）	〈嚴禁佔墾西勢牧埔碑〉	（3）	013	道光辛卯年臘月	清道光11年（1831）	無	高105，寬61，深8
（四）	〈嚴禁恃強佔墾西勢牧埔碑〉	（3）	014	道光十二年六月	清道光12年（1862）	無	高135，寬60
（四）	〈嚴禁五福圳爭水滋鬧碑〉	（3）	015	光緒貳拾年玖月	清光緒20年（1894）	無	高134，寬52
102 年 11 月 15 日調查							
（二）	四媽神像	（1）	016	無	疑爲清代？	無	高41，寬23.5，深18
（二）	五媽神像	（1）	017	無	疑爲清末或日治初？	無	高40，寬23，深17.5
（二）	蓬萊媽神像	（1）	018	民國四五年端月初三日	民國45年（1956）	蔡培東	高59，寬26，深23
（二）	北港四媽神像	（1）	019	無	民國？	不可考	（含最大底座）高51，寬27，深17
（二）	境主公神像	（1）	020	無	疑爲清代？	無	高51，寬24，深20
（二）	湄洲媽神像（軟身）	（1）	021	無	疑爲清代？待考	無	無法測量
（二）	註生娘娘神像（軟身）	（1）	022	無	疑爲清代？	無	高65，寬38，深34

在文物分類方面，因本次調查登錄的 22 件文物在分類上顯得單一，均為（二）「生活及儀禮器物類」，而類屬（四）「其他」的也只有碑碣。為求研究書寫上之簡易、清晰，故將浩天宮所屬文物分為三項，第（1）項為神像，有9件；第（2）項為供器，有3件香爐；第（3）項將刻有文字，可做為第一手史料的匾額與碑碣歸於同項，共有10件。再依此分項分節詳述【圖3-1】。

圖 3-1　浩天宮登錄文物分項數量長條圖

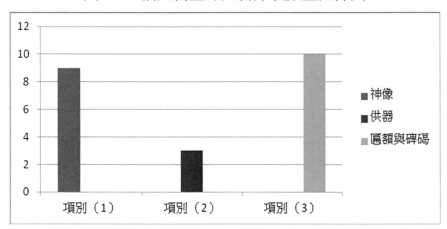

第一節　神　像

除了孔廟之外，大多數寺廟中都有神像，神像是寺廟的主體，也是寺廟的中心，一座寺廟中的神像不只一尊，也不僅單一神明。依鈴木清一郎的分類，臺灣的寺廟分有主祭神和屬神，主祭神就是寺廟主要奉祀的神明，供奉在寺廟的主殿主位。屬神則指主祭神以外的其他神祇，又分為從祀、同祀和寄祀三種性質。從祀神還可分為配偶、配祀、挾祀、分身和隸祀；同祀神指在同一寺廟內祭祀的神祇；寄祀神指供於主神神壇前案桌或兩側廳室、後殿的神祇。〔註3〕

在一般媽祖廟中，媽祖神像可依照不同功能，分為鎮殿媽、開基媽、出巡媽，或依照分身雕刻不同神像，稱為二媽、三媽、四媽等等。鎮殿媽為正殿中的主神，尺寸最大，通常只留守宮廟不外出，開基媽則通常是宮廟中最

〔註3〕〔日〕鈴木清一郎，《臺灣舊慣冠婚葬祭與年中行事》（臺北：南天書局，1995），頁24。

早的神像，出巡媽則專司繞境進香，其他分身神像亦有不同職司，故臺灣俗諺有：「大媽鎮殿、二媽吃便、三媽出戰」之說。」〔註4〕神像依製作材質區分，有木雕、泥塑、陶瓷、銅鑄、玉、紙、黃金等等，一般以木雕最常見。再以神像組合方式區分，可分為軟身與硬身兩種，軟身神像指的是神像由多個部份組合，接合處的關節可以活動；硬身神像則是由整塊木料一體雕刻成形，關節不可活動。〔註5〕就目前臺灣寺廟所見神像，硬身神像數量多於軟身神像。

　　本次浩天宮文物調查所獲成果，登錄神像共有9尊，以媽祖神像最多，有7尊，同祀神有境主公神像1尊，註生娘娘神像1尊。在9尊神像中，有2尊軟身神像，分別是湄洲媽神像及註生娘娘神像，其餘皆為硬身神像。

一、媽　祖

　　二媽神像：登錄編號011，高62公分，寬29公分，深25公分。【圖3-2】

圖3-2　二媽神像：登錄編號011

　　木雕硬身坐姿神像，由一整塊木料雕刻。神像為黑面，雙目低垂，鼻樑

〔註4〕林茂賢，〈臺灣媽祖信仰〉，收入黃旭主編，《流動的女神——臺灣媽祖進香文化特展》（臺中：國立自然科學博物館，2011），頁40～45。
〔註5〕彰化縣文化局委託，逢甲大學歷史與文物研究所執行，李建緯主持，《第二期彰化縣古蹟中既存古物登錄文化資產保存計畫》，頁65。

高挺，地閣圓滿，雙耳貼頰，頭戴鳳翅九旒冕冠，外披神衣，底座爲方形，以黃銅片包覆。神像本體刻有蟒袍，頭上戴有冠，但無法確認爲幾旒，冕冠兩側有垂帶，垂帶上有洞，戴鑲鑽金耳環，頭髮梳三髻，俗稱「媽祖頭」，露出的雙手爲黑色，右手持笏版，笏版有陰刻「玉天旨」三字，左手握腰帶，笏版爲銅製。神像原應手持如意，但不知何故，現以銅製笏版取代。坐於龍頭扶手圈椅上，衣袍下擺露出弓鞋，腳下有踏墊，踏墊有四隻吞腳。

　　神像先以紅色爲底漆，再以漆線做出蟒頭與紋飾，最後安金，屬泉州派。神像的圈椅已斷裂多處，以銅片包覆修補，底座早期常被信徒刮取作爲藥引，因此以銅片包覆，雙手亦因缺損而重修過。

　　三媽神像：登錄編號012，高37公分，寬21公分，深19公分。【圖3-3】

圖 3-3　三媽神像：登錄編號 012

　　木雕硬身坐姿神像，由一整塊木料雕刻。神像爲黑面，雙目平視，面容祥和，臉形圓滿，雙耳貼頰，耳垂大而長，無耳洞，頭戴鳳翅九旒冕冠，外披神衣，底座爲方形，以黃銅片包覆。神像本體刻有蟒袍，頭上戴有冠，但無法確認爲幾旒，頭髮梳三髻，俗稱「媽祖頭」，露出的雙手爲黑色，右手持笏版，笏版無字，笏版爲銅製，左手置膝上。

　　神像原應手持如意，現以銅製笏版取代。坐於龍頭扶手圈椅上，衣袍下擺露出弓鞋，腳下有踏墊，踏墊有四隻吞腳，吞腳之獸首較抽象。神像先以

紅色為底漆，再以漆線做出蟒頭與紋飾，最後安金，屬泉州派。神像底座早期常被信徒刮取作藥引，因此以銅片包覆，蟒袍曾重修過，有部分金箔脫落。

　　據神轎班老班長楊培煥口述，三媽是浩天宮的開基媽祖，但被福德里德順宮請回德順宮供奉，只有在浩天宮聖母要回北港刈香或問事時，才會請三媽回浩天宮。相傳三媽是「客家人」來臺時的船頭媽，年代很久遠，曾經在50多年前請人重修過。〔註6〕

　　四媽神像：登錄編號016，高41公分，寬23.5公分，深18公分。【圖3-4】

<h3 style="text-align:center">圖3-4　四媽神像：登錄編號016</h3>

　　木雕硬身坐姿神像，由一整塊木料雕刻。神像為黑面，臉上略有龜裂痕。雙目垂視，面容祥和，臉形圓滿，雙耳貼頰，耳垂大而長，無耳洞，頭戴鳳翅九旒冕冠，外披神衣，底座為橢圓形。

　　神像本體刻有蟒袍，頭上戴有冠，但無法確認為幾旒，有垂帶，髮後梳三髻。露出的雙手為粉色，右手持金屬製圭版，圭版刻有龍紋，右手拇指原本斷裂，現已黏合，左手置膝上。神像原應手持如意，現以銅製圭版取代。坐於龍頭扶手圈椅上，衣袍下擺露出弓鞋，腳下踩小獅，下有腳踏，有二隻吞腳，吞腳之獸首已模糊。神像應原為粉色，雙手與頸部衣領處尚可見到白色，但臉部已因香火煙燻而泛黑。衣袍係以漆線做出蟒頭與紋飾，最後安金，

〔註6〕浩天宮委員楊培煥（年約70歲）口述。訪問人：林郁瑜，受訪人：楊培煥。
　　　　時間102.10.14，上午10：00。

－63－

屬泉州派。神像底座早期常被信徒刮取作爲藥引，有缺損，扶手曾因斷掉一側而重修過。

　　據神轎班老班長楊培煥口述，四媽頭上的木製九旒鳳翅冠，在每兩年前往朝天宮刈香時就會換新。〔註7〕

　　五媽神像：登錄編號017，高40公分，寬23公分，深17.5公分。【圖3-5】

圖3-5　五媽神像：登錄編號017

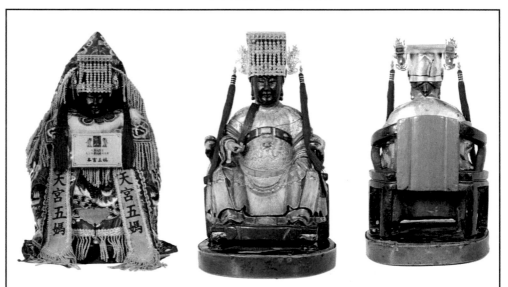

　　木雕硬身坐姿神像，由一整塊木料雕刻。神像原爲粉面，現爲黑面。雙目平視，面容祥和，臉形圓滿，雙耳貼頰，耳垂大而長，無耳洞，頭戴鳳翅九旒冕冠，外披神衣，底座爲橢圓形。

　　神像本體刻有蟒袍，頭上戴有冠，但無法確認爲幾旒，無垂帶，髮後梳三髻。露出的雙手爲粉色，指甲可見。右手持金屬製紅色笏版，笏版無紋，左手置膝上。坐於龍頭扶手圈椅上，圈椅椅背處漆色較新，衣袍下擺露出弓鞋，下有腳踏，有二隻吞腳，腳踏已有裂痕。衣袍係以漆線做出蟒頭與紋飾，最後安金，屬泉州派。神像底座早期常被信徒刮取作爲藥引，現以金屬片包覆，正面寫有墨書「五媽」字樣。

　　據神轎班老班長楊培煥口述，每二年回北港朝天宮進香的神像共五尊，

〔註7〕浩天宮委員楊培煥（年約70歲）口述。訪問人：林郁瑜，受訪人：楊培煥。
　　　　時間102.11.15，上午10：10。

有二媽、三媽、北港四媽、蓬萊媽等四尊，加上北港三媽或副二媽的其中一尊，分乘四頂神轎。〔註8〕

　　蓬萊媽神像：登錄編號018，高59公分，寬26公分，深23公分。【圖3-6】

圖3-6　蓬萊媽神像：登錄編號018

　　木雕硬身坐姿神像，由一整塊木料雕刻。神像為黑面，雙目平視，面容祥和，臉形圓滿，雙耳貼頰，耳垂大而長，有耳孔，無耳洞，頭戴鳳翅九旒冕冠，外披神衣，底座為抹角方形。椅背陰刻有字，中央「浩天宮　湄洲天上聖母」、右側「民國四五年端月初三日」、左側「北港鎮蔡培東率男惟嶽德全敬獻」，字跡清晰可辨，但被紅漆覆蓋。

　　神像本體刻有蟒袍，頭上戴有冠，但無法確認為幾旒，無垂帶，髮後梳三髻。露出的雙手為黑色。右手持金屬製紅色笏版，笏版無紋，左手無物靠於扶手。坐於龍頭扶手圈椅上，衣袍下擺露出弓鞋，下有腳踏，有二隻吞腳，但吞腳已平面化，無獸首樣貌，腳踏有裂痕。衣袍係以漆線做出蟒頭與紋飾，最後安金，屬泉州派。神像底座以金屬片包覆。

　　據神轎班老班長楊培煥口述，神像由蔡培東自蓬萊道場請來，故稱蓬萊

〔註8〕浩天宮委員楊培煥（年約70歲）口述。訪問人：林郁瑜，受訪人：楊培煥。時間102.11.15，上午10：35。

媽。〔註9〕

　　北港四媽神像：登錄編號019，（含最大底座）高51公分，寬27公分，深17公分。【圖3-7】

圖3-7　北港四媽神像：登錄編號019

　　木雕硬身坐姿神像，由一整塊木料雕刻。神像為黑面，頭戴鳳翅九旒冕冠，外披神衣，底座為兩層，皆方形高底座，並以金屬皮包覆。扶手椅有兩層，神像身上有漆線，但未安金，朝帶處有損壞，露出原木胎。

　　神像本體刻有蟒袍，頭上戴有冠，但無法確認為幾旒，無垂帶，髮後梳三髻。露出的雙手為黑色。右手持金屬製笏版，笏版無紋，左手虎口中空靠於扶手。坐於龍頭扶手雲紋椅上，衣袍下擺露出弓鞋，下有腳踏，有二隻獸首吞腳，紋樣以漆線製成。神像連座再置放於另一座扶手椅底座，大椅底座正面左右有陰刻黃字「朝勝」，椅背背靠處有白漆字「朝勝」。小椅椅背處中間有陰刻黃字「朝勝媽」，白色漆字「北港」，下方有白色漆字「北港朝天宮」、「朝勝」字樣。

　　據神轎班老班長楊培煥口述，原來只有第一層底座與雲紋扶手椅，外層

〔註9〕浩天宮委員楊培煥（年約70歲）口述。訪問人：林郁瑜，受訪人：楊培煥。
　　　　時間 102.11.15，上午 10：55。

－66－

大底座是送來後才加上。神像是北港所贈。〔註10〕

　　湄洲媽神像：登錄編號021，神像位於神龕中，無法測量尺寸。【圖3-8】

圖3-8　湄洲媽神像：登錄編號021

　　木雕軟身坐姿神像，神像為粉面，略受煙燻。神像面容清秀如少女，雙目細長上揚，嘴巴以紅漆描繪。髮際線平整，似無木刻頭冠。原在私船上，因海關查緝走私船，而被海關沒收，之後被恭請至浩天宮內奉祀，因來自大陸的湄洲地區，故稱為湄洲媽。

二、境主公 〔註11〕

　　境主公神像：登錄編號020，高51公分，寬24公分，深20公分。【圖3-9】

〔註10〕浩天宮委員楊培煥（年約70歲）口述。訪問人：林郁瑜，受訪人：楊培煥。時間102.11.15，上午11：30。

〔註11〕境主公是與城隍爺同類的神明，或為無城牆的鄉下市街所奉祀。見江燦騰主編，增田福太郎原著，黃有興中譯，《臺灣宗教信仰》（臺北市：東大圖書，2008），頁176。

圖 3-9　境主公神像：登錄編號 020

　　木雕硬身坐姿神像，由一整塊木料雕刻。神像呈白面，雙目平視，頭戴長翅帽，身披金龍刺繡神衣。廟方表示，境主公神像在浩天宮建成時即有。

　　神像為坐姿，白臉黑長鬚，鬚長及胸，耳垂肥大，有耳孔。著金色龍紋官服，著黑色靴，雙手隱於衣袖中，右手手指微露出袖外，文武腳坐姿，神態自若。衣袍係以漆線做出蟒頭與紋飾，最後安金，屬泉州派。座椅為扶手太師椅，椅背披有虎皮。雙足踏木雕底座，底座牙子有金色捲草紋飾，底座正面有二隻吞腳、曲足。底座正面略有碰損。

三、註生娘娘〔註 12〕

　　註生娘娘神像：登錄編號 022，高 65 公分，寬 38 公分，深 34 公分。【圖 3-10】

〔註 12〕專司婦人懷孕、生產，亦為保護幼兒之神。見江燦騰主編，增田福太郎原著，黃有興中譯，《臺灣宗教信仰》，頁 192。

圖 3-10　註生娘娘神像：登錄編號 022

　　木雕軟身坐姿神像，神像為粉面，面容和藹慈祥，雙目平視，嘴巴小，耳垂大。雙手手腕與中指、食指手指有活動關節，雙腳穿繡花弓鞋，身著紅色刺繡衣裙。廟方表示，註生娘娘神像在浩天宮建成時即有。神像坐於扶手椅，置於木製神龕中，神龕中另放有三雙繡花鞋。

第二節　供　器

　　在臺灣寺廟中，最常見的供器是香爐。香爐是燃香祭拜後插香的器具，依照祭祀對象區分，可分為祭祀祖先用的「公媽爐」，祭祀神明用的「神明爐」。寺廟中使用的爐具皆是「神明爐」，尺寸最大的，當為置於寺廟門口的天公爐，通常為三足或四足立鼎造形，數量不多，一座宮廟大約一個或二個；另一種置放於供桌上的神明爐，尺寸較小，造形多變，數量較多，一座宮廟中可多達十個或更多。〔註13〕香爐的材質也很多，常見的有石頭、陶、瓷、銅、錫、鉎鐵、木頭等等，有些香爐刻有年款，是寺廟歷史的見證。

　　本次浩天宮調查文物中，登錄有 3 件香爐，2 件屬於神明爐，其中有 1 件刻有年款，是浩天宮重要的歷史文物。另 1 件則是到北港朝天宮進香時所用

〔註13〕彰化縣文化局委託，逢甲大學歷史與文物研究所執行，李建緯主持，《第二期彰化縣古蹟中既存古物登錄文化資產保存計畫》，頁 86。

的刈火爐，雖無年款，但卻是象徵傳承香火的重要文物，有特殊的文化意義。

一、神明爐

筒形磬足光緒款青瓷香爐：登錄編號 004，器口內徑寬 18 公分，外徑寬 22 公分，高 18 公分。【圖 3-11】

圖 3-11　筒形磬足光緒款青瓷香爐：登錄編號 004

圓筒形青瓷印花香爐，下有三磬足。內褶平沿口，器頸環繞一圈回字紋，直壁，印有纏枝牡丹紋，器底有三隻削切磬形足，器表、器腹及磬足皆施釉。器頸刻有橫寫「浩天宮」，器身刻有直寫「天上聖母」，直寫與橫寫之「天」字共用。上款「光緒伍年歲次己邜潤桐月置」（1879），「己邜」應是己卯，下款「新興庄〔註14〕弟子紀經講叩謝」。所有文字皆以尖錐敲擊刻劃而成。

器腹內施釉、有凸旋紋，釉層疑似以盪釉法施作，器底塗醬釉，從青釉、磬足等特徵來看，可能爲閩南漳州東溪窯作品。因使用時間久遠，器表卡有油煙，掩蓋瓷器原有光澤。器身已出現裂縫，下方有數塊白漆沾染痕跡。

金閣寺鏨刻紋銅爐：登錄編號 010，爐口內徑寬 35 公分，最大器寬 52 公分，高 23 公分。【圖 3-12】

〔註14〕經查梧棲、沙鹿、清水舊地名均無「新興庄」，惟龍井有「新庄仔」，即今龍井區新庄村、南寮村。洪敏麟，《臺灣舊地名之沿革（二下）》，頁 145～164、183。

圖 3-12　金閣寺鏨刻紋銅爐：登錄編號 010

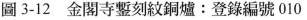

圖 3-12　金閣寺鏨刻紋銅爐：登錄編號 010

　　圓形唇口、雙把手耳、束頸、鼓腹、三乳突足，器身呈黃銅色，色澤光亮。器腹鏨刻金閣寺圖案，風景圖紋刻劃細緻，後方亦刻有山勢風景圖，器形完整，無文字。

二、刈火爐

　　刈火爐：登錄編號 005，器口內徑寬 21 公分，外徑寬 25 公分，高 16 公分。【圖 3-13】

圖 3-13　刈火爐：登錄編號 005

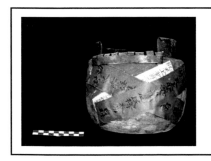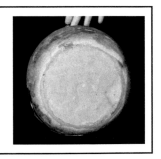

　　圓筒形陶製爐，內有一隔熱鐵爐。圓口、直壁、無足，底部略有弧度，素面無花紋，全器無文字。器體呈黑褐色，有一條鐵絲圈捆，貼有紅色敕封條，寫有「敕封天上聖母護國庇民擇本月 26 日封」。爐底底面未修坯，呈現粗糙不平狀。因陶爐不能承受過高溫度，故以一個隔熱鐵爐置於爐內，防止陶爐爆裂。此爐每兩年回北港朝天宮刈香，仍在使用中，器內有香灰堆積。

　　此爐形狀與鴨母寮永天宮的刈火爐相同，應是同時間同工匠所做。據廟

方常務委員楊德口述表示，此香爐是早期廟方一位委員手製，一直使用至今，但已記不得其姓名。〔註15〕

第三節　匾額與碑碣

　　匾額是寺廟中常見的文物，刻有文字，其行文格式，一般可分爲「上款」、「中行」與「下款」三大部分；「中行」絕大多數爲四字，是表現匾額功能之處，「上款」與「下款」則分別可見年款、致贈者名諱。從功能來看，匾額主要有頌贊箴銘、標示名號、證明資格、旌表殊榮、致謝隆恩、寄跡高情、宏揚教義等功能。〔註16〕有的匾額只有中行，或是缺少上款、下款。寺廟中的匾額若「上款」、「中行」與「下款」皆備，就能清楚提供關於寺廟的沿革史、與地方社會的交流互動等訊息，是重要的歷史文物。

　　碑碣從形式上可分爲「碑」與「碣」兩類；方或長方形的爲「碑」，而圓形爲「碣」，寺廟中以長方形立碑居多。一般的立碑，可分爲三部分，最上方爲碑額，中間爲刻文的碑身，最下方爲碑座。「碑」的材質以石頭爲最常見，石料則有青斗石、花崗石、泉州白石、觀音山石、砂岩等等。通常碑身文字爲陰刻字，主要是記載事蹟、旌表功績，具宣示作用。石刻的功能有：紀功勳、述祖德、贊政績，彰律令、明學術、界疆域、闡宗教與避邪穢。〔註17〕由於石材是一種可以長時間保存的材質，比起紙張、木料、陶瓷更加堅硬、不易破損，是文字載體之一。石碑所載文字能傳達多種訊息，故石碑文字常被使用做爲第一手史料，用來彌補典籍文字不足之處。

　　匾額和碑碣均爲文字載體之一，登載的文字是其他文物所不及的，碑文甚且可做爲直接史料，透過匾額與碑碣的文字，可以得知更多歷史訊息。本次浩天宮文物調查，共見有匾額7方，碑碣3座，因同屬文字載體，可彌補典籍史料不足，對印證浩天宮歷史沿革、梧棲鄉土開發史均有莫大助益，故將二者文物歸於同項。

〔註15〕浩天宮常務委員楊德（日治昭和3年（1928）年生）口述。訪問人：林郁瑜，受訪人：楊德。時間102.9.13，上午11：20。

〔註16〕彰化縣文化局委託，逢甲大學歷史與文物研究所執行，李建緯主持，《第二期彰化縣古蹟中既存古物登錄文化資產保存計畫》，頁78。

〔註17〕彰化縣文化局委託，逢甲大學歷史與文物研究所執行，李建緯主持，《第二期彰化縣古蹟中既存古物登錄文化資產保存計畫》，頁116。

一、匾　額

「聖德昭宏」匾：登錄編號001，長200公分，寬72公分，厚4～5公分。
【圖3-14】

圖3-14　「聖德昭宏」匾：登錄編號001

　　橫長方形有邊框黑底金字匾額，下有如意座斗。為一整片木板製成。中行為行書「聖德昭宏」，四字字體線條描邊，再塗金漆，有陽文般效果。上款「昭和戊辰年仲冬穀立」（昭和3年，1928），下款「龍井庄海埔厝〔註18〕弟子紀應懷、紀應琛全敬立　黃嘯鼇〔註19〕敬書」，下有二方金印，但金漆糊化，無法辨識。上下款文字皆為行草陰刻貼金箔，上款右上方有一處如臺灣地圖之形狀，貼有金箔。邊框為紅色，刻有陽刻金漆之四蝠及花草紋飾。匾面為黑色，但漆料已有脫落現象，露出紅色底漆。

　　「聖德配天」匾：登錄編號002，長200公分，寬72公分，厚6～7公分。【圖3-15】

〔註18〕　今臺中市龍井區龍津村。因移民在海埔地拓墾築屋成村而得名。見洪敏麟，《臺灣舊地名之沿革（二下）》，頁182。

〔註19〕　即黃海泉（1897～1994），原籍金門，父親於清咸豐年間來到梧棲落戶，開設中醫藥舖及從事中藥材批發生意。黃海泉明治30年出生於梧棲，自幼學習漢文，18歲起繼承父業「福川堂」中藥舖，除行醫濟世外，以書畫聞名。其作品獲大英博物館、臺中縣立文化中心、國立臺灣藝術教育館、臺中美術館、高雄市立美術館典藏。見王仲孚總編纂，《梧棲鎮志》，頁686。黃海泉還著有〈梧棲沿革誌〉，為早期梧棲開發史重要文獻，收錄於苗栗縣、臺中縣、彰化縣文獻會編，《中國方志叢書臺灣地區臺灣省苗中彰三縣文獻》，頁201～205。

圖 3-15 「聖德配天」匾：登錄編號 002

橫長方形有邊框黑底黑字匾額，下有如意座斗。為一整片木板製成。中行為楷書陽刻字「聖德配天」，「德」字心上少一橫，上款「昭和戊辰年穀旦」（昭和 3 年，1928），下款「改築委員楊星遠立」，上下款文字皆為楷書陰刻。邊框為刻有陽刻葡萄紋飾，上有雙鳳牡丹圖飾。匾面原為原木色，因煙燻呈現黑色。

「護國保民」匾：登錄編號 003，長 170 公分，寬 60 公分，厚 3～4 公分。【圖 3-16】

圖 3-16 「護國保民」匾：登錄編號 003

橫長方形有邊框原木底黑字匾額，無座斗。為一整片木板製成。中行為楷書「護國保民」，四字字體線條描邊，再塗黑漆，有陽文般效果。上款「昭和三年陽月穀旦」（1928），下款「清水街弟子楊金參 朝枝」，上下款文字皆為行書陰刻字。邊框為素面黑色，無紋飾。匾額保存完整，受煙燻所致，色澤暗沉。中行字中間有一道裂縫。

「德保生民」匾：登錄編號 006，長 180 公分，寬 55 公分，厚 2～3 公分。【圖 3-17】

圖 3-17　「德保生民」匾：登錄編號 006

　　橫長方形無邊框黑底金字匾額，下有螃蟹座斗。匾額爲拼接，中行以一整片木板製成，上下方各拼接一條木條。中行爲楷書「德保生民」，「德」字心上少一橫，「民」字中間一豎勾有出頭，四字字體塗金漆，以減地方式刻出陰文。上款「同治元年陸月統帶淡勇防甲進攻梧棲海埔厝等庄二年十一月隨同丁觀察克復彰城皆叨」（1862），下款「神佑　同治三年三月吉旦信官王楨、鄭荣仝叩謝」（1864），上下款文字皆爲陰刻金字。匾額保存完整，受煙燻所致，色澤暗沉，匾面底漆有起甲現象。

　　此匾與戴潮春事件有關，捐贈者爲王楨與鄭荣，王楨時任彰化縣補用同知知縣，而鄭荣則爲都司銜儘先守備，「丁觀察」爲當時的臺灣兵備道丁曰健。〔註20〕

　　「神昭海表」匾：登錄編號 007，長 210 公分，寬 90 公分，厚 4～5 公分。【圖 3-18】

圖 3-18　「神昭海表」匾：登錄編號 007

　　橫長方形有邊框黑底陽刻金字匾額，爲一整片木板製成。中行爲行書「神昭海表」，「神」字有缺筆，筆畫有毛筆書寫拖痕，中央上方有「御筆」二字。上款「中華民國乙巳年恭摹雍正帝御賜本宮之匾額」（1965），「宮」字已歪斜，「之」字末筆斷裂，下款「北港朝天宮管理委員會」，上下款文字皆爲陽刻正體金字。字體以小釘釘在木匾。邊框有陽刻九龍紋，匾額保存完整，受煙燻所致，色澤偏黑。

　　「功同天地」匾：登錄編號 008，長 180 公分，寬 72 公分，厚 3 公分。【圖 3-19】

圖 3-19　　「功同天地」匾：登錄編號 008

　　橫長方形有邊框黑底陽刻黑字匾額，下有牡丹花座斗一對，爲一整片木板製成。中行爲陽刻粗楷字「功同天地」，「功」字處匾面有破損，字體以小釘釘在匾面，原本似有作金蔥處理。上款「大正庚申年梅月穀旦」（1920），下款「梧棲港區長林嘉與〔註21〕敬立」，上下款文字皆爲陽刻楷書字，以小釘釘在木匾，下有二方方印，一爲篆書陰刻「林」，一爲宋體陰刻「嘉興」。邊框有陽刻纏枝牡丹紋，四角落爲變形雷紋，匾額保存完整，受煙燻所致，

〔註21〕　林嘉與爲梧棲村儒，秉承家學，以經史教授鄉人，鄉人尊稱小先生，明治 30年（1897）選舉庄長，長期擔任梧棲地方公職，明治 38 年 12 月（1905.12）獲授紳章。詳見鷹取田一郎，《臺灣列紳傳》（臺北：臺灣總督府，1916），頁 189。大正庚申年梅月（大正 9 年，1920.04）林嘉與擔任臺中廳梧棲港區區長。大正9 年 10 月（1920.10），擔任大甲郡役所梧棲街街長。林嘉與常與林嘉興混用，但匾額落款爲林嘉與，《臺灣列紳傳》亦寫爲林嘉與，應與林嘉興與正確。參考中央研究院臺灣史研究所「臺灣總督府職員錄」系統查詢，瀏覽日期2016/5/19。http://who.ith.sinica.edu.tw/s2g.action?viewer.q_authStr=1&viewer.q_fieldStr=allIndex&viewer.q_opStr=&viewer.q_valueStr=%E6%9E%97%E5%98%89%E8%88%87

色澤偏黑。

　　「澤被海邦」匾：登錄編號 009，被其他匾額遮掩，無法測量尺寸。【圖3-20】

圖 3-20　「澤被海邦」匾：登錄編號 009

　　橫長方形有邊框黑底陽刻金字匾額，爲一整片木板製成，被前匾遮掩，下方部分無法觀看。中行爲陽刻粗體行書字「澤被海邦」，字體以減地方式刻在匾面，原本似有漆金漆，筆畫有毛筆書寫拖痕。上款「道光丁未年桐月　明治三十九年丙午陽月重修」（道光 27，1847）（1906），下款「軍功職員蔡振玉偕三男雲龍敬立　總理楊瑤卿〔註22〕暨眾弟子　□□」，上下款文字皆爲陰刻楷書字泥金，現已因煙燻影響略顯模糊。邊框有陽刻纏枝唐草紋，匾額保存完整，受煙燻所致，色澤偏黑。

二、碑　碣

　　〈嚴禁佔墾西勢牧埔碑〉：〔註23〕登錄編號 013，高 105 公分，寬 61 公分，深 8 公分。【圖 3-21】

　　長方形石雕陰刻碑，碑額有「正堂嚴禁」四個大字，無底座。石碑原存

〔註22〕楊瑤卿（1861～？），生於清咸豐 11 年，卒年不詳。梧棲中和里人，祖籍金門，其先世楊肇於嘉慶年間渡臺，後創辦「楊合順」船務行，爲梧棲殷富人家。楊瑤卿曾爲清代例貢生，日治時期歷任大肚辦務署參事、梧棲辦務署參事、臺中參事，也擔任梧棲公學校學務委員及農會評議員，熱心地方公共建設。見王仲孚總編纂，《梧棲鎮志》，頁 676。

〔註23〕在《臺灣中部碑文集成》中，此碑名爲「沙轆牧埔示禁」碑。見臺灣銀行經濟研究室編輯，《臺灣中部碑文集成》（南投：臺灣省文獻委員會，1995），頁 93～95。碑文原文無標點句讀，標點句讀參照何培夫主編，《臺灣地區現存碑碣圖誌・臺中縣市・花蓮縣篇》（臺北市：國立中央圖書館臺灣分館，1997），頁 101～102。

於浩天宮三川門外廟埕南面之牆，後因道路拓寬而拆除，置於文物室內，石碑表面顯得粗糙，略有斑駁。碑文所提到之彰化縣正堂李，爲在任知縣李廷璧；府憲汪，爲臺灣知府汪楠；道憲糜，爲分巡臺灣兵備道糜奇瑜；而鎮憲武則爲臺灣鎮總兵武隆阿。〔註24〕碑文：

圖 3-21 〈嚴禁佔墾西勢牧埔碑〉：登錄編號 013

特調福建臺灣府彰化縣正堂，加三級、軍功加一級、記大功十次李，爲剴切示諭嚴禁事。

照得道光拾壹年拾貳月二十七日，據沙轆大庄、陳厝庄、南簡庄、火燒橋、八張犁、海墘厝、三甲等呈稱：「上、下西勢牧埔，屢被民番佔墾築田；前經呼蒙府憲汪、道憲糜、鎮憲武、均仰理番分憲張，出示嚴禁，不許佔築」等情。茲復相率呈稱嚴禁，立碑定界。

據此，除批准出示嚴禁外，合再剴切示諭嚴禁。爲此，示仰民番人等知悉：照得牧埔乃係各庄課田牧養之地，經查界址，東抵課田界、西抵海界、南抵八張犁車路界、北抵小槺榔大溝界。內有塚坟，屢被殘損。自此示禁立界之後，毋許民番人等私墾侵佔，殘損塚坟，

〔註24〕臺灣銀行經濟研究室編輯，《臺灣中部碑文集成》，頁94。

致害國課民生。倘敢故違，許即拏解，按法重究，決不寬貸。各宜
凜遵！毋違！特示。

道光辛卯年臘月　日給。

業戶烏臘甘、總理王章松、甲首蔡素、吳玉心、謝迎、童華池、陳神
助、陳捷元、李光喜、蔡春、白江河、卓益、翁鄉、李廷、卓乞、蔡
連、歐宋、黃元吉、陳溪水、張長泰、林長發、陳文德、尤宗明、羅
墩厚、黃元意、鄭田美、蘇合源、何濯英、蔡對寶、邱葵丁、楊漢英、
童吉、楊獻、歐合、楊扳良、李永河、紀先知、李光亮、卓長、陳華、
陳尚、蔡泰、張出、郭萬、張標、黃允、陳諒、陳最、張頌、卓寶、
林洋、遷善南北社業戶、通土、差甲、社主暨眾番等仝立。

〈嚴禁恃強佔墾西勢牧埔碑〉：〔註25〕登錄編號014，高135公分，寬60
公分。【圖3-22】

圖3-22　〈嚴禁恃強佔墾西勢牧埔碑〉：登錄編號014

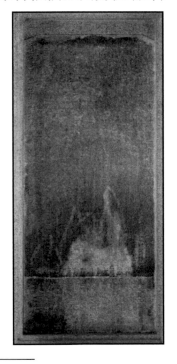

〔註25〕在《臺灣中部碑文集成》中，此碑名為「沙轆牛埔示禁」碑。見臺灣銀行經
濟研究室編輯，《臺灣中部碑文集成》，頁95～96。碑文原文無標點句讀，標
點句讀參照何培夫主編，《臺灣地區現存碑碣圖誌·臺中縣市·花蓮縣篇》，
頁103～104。

　　長方形石雕陰刻碑，無邊框、底座，嵌於牆內，兩塊石頭接合。內文所提之臺灣北路理番駐鎮鹿港海防總捕分府王，即為當時在任的北路理番同知兼鹿港海防王蘭佩。〔註26〕石碑表面有水漬痕，字跡已受風化，略顯模糊，判讀不易。碑文：

　　特授臺灣北路理番駐鎮鹿港海防總捕分府，加五級、紀錄十次王，為特示嚴禁，以杜爭端事。

　　據遷善南、北社業戶烏臘甘、土目番差耆番暨眾社等及沙轆保總理王章松、南簡、八張犁、陳厝庄、大庄、火燒橋、海墘厝、三甲首眾等僉呈詞稱：「切甘等原配牛埔一所，址在大庄等處西勢一帶上下，原係各庄佃牧牛、死葬之埔、四至界址，各有定界。因嘉慶十八年間被奸棍林生發（即林欉）恃強佔墾，經前業戶蒲氏、牛罵六、萬眉等全社眾赴前憲張控蒙行縣，一体出示嚴禁各在案；奸棍始知斂跡，庄佃稍得安耕。至道光十一年間，突有縣蠹王慎（即王漢珍）狼貪牛埔肥美，竟敢串謀糾匪，復行佔墾。甘等不已，赴縣主李呈控；蒙准諭止示禁，勒碑定界。慎乃自恃身充戶總，僅知僥吞供銀，混開次數，套縣承差，做案挐酷，捏番分陷。甘等全社眾無奈，奔轅先後扣請提究；併懇恩威並行，賜准核照原案，先行出示嚴禁，以息狼貪。仍墾勒提縣書王慎等到案，訊明究辦，庶蠹惡亦知斂跡，以杜爭端，沾感不朽；切叩」等情。并據通土大宇海等僉告陳神明等謀佔埔地，瞞稟請禁等情。當經行縣，嚴提戶總王慎解究，并差拘集訊。續據業戶烏臘甘先後具呈，復經分別嚴提暨摧拘質究。

　　茲據前情，合行照案出示嚴禁。為此，示仰被告王漢珍（即王慎）等暨附近該處沙轆大庄民番人等知悉：爾等凡屬農耕，無論番、漢，均屬良民，各守田地界址管耕，毋許倚勢蠹棍，影藉混佔該社牧牛埔地，恃強佔墾滋端。況各佃農耕全賴牛，牧埔最關緊要；詎可混佔強墾！牛既絕食，耕將奚賴？自示之後，務各互相勸誡，各守安耕，不得倚恃蠹匪，強橫欺凌。倘敢故違，一經查出或被指告，並即會縣嚴挐，按法究辦，決不姑寬。各宜凜遵，毋違！特示。

　　道光十二年六月　日給。

〔註26〕臺灣銀行經濟研究室編輯，《臺灣中部碑文集成》，頁95～96。

〈嚴禁五福圳爭水滋鬧碑〉：〔註27〕登錄編號 015，高 134 公分，寬 52
公分。【圖 3-23】

圖 3-23　　〈嚴禁五福圳爭水滋鬧碑〉：登錄編號 015

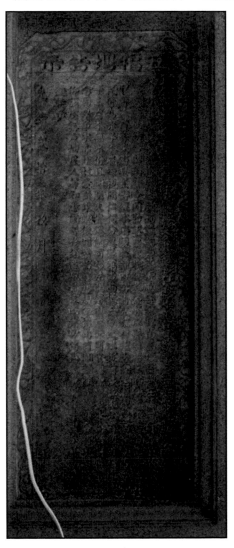

　　長方形石雕陰刻碑，碑額有「五福圳告示」五個大字，有捲草紋邊框，
無底座，嵌於牆內。文字清晰可辨讀，碑文最下方文字，略被遮蓋於牆內。

〔註27〕　在《臺灣中部碑文集成》中，此碑名爲「五福圳告示」碑。見臺灣銀行經濟
　　　　研究室編輯，《臺灣中部碑文集成》，頁 121～122。碑文原文無標點句讀，標
　　　　點句讀參照何培夫主編，《臺灣地區現存碑碣圖誌・臺中縣市・花蓮縣篇》，
　　　　頁 105～106。

內文所提臺灣府正堂陳，為臺灣知府陳文騄。〔註28〕碑文：

> 欽加二品銜候補道辦理中路營務處兼統彰化防軍屯兵水勇等營臺灣府正堂、加四級陳，為勒石示禁事。
>
> 案據台屬大肚西堡業戶蔡源順等稟控苗屬墩仔腳庄張程材等爭水滋鬧一案，當經札飭台、苗兩縣會同勘訊稟覆。旋據蔡源順以張程材違斷糾眾絕流等情覆控，并据甲首蔡畜等來府具呈，即經本府親提訊斷，并著張程材抱告陳逢源傳諭息事。台、苗兩縣人民皆為赤子，本府一視同仁，何分厚薄？第查西堡三分之水，從前涉訟斷定，有案可稽。墩仔腳十三庄本無水份，且毗鄰大安溪，儘可設法開濬引灌，兼可食興；豐疇之水，何必圖佔肇釁！姑念因旱爭水，亦非故意苛求。嗣後，惟尚恪守舊規，勿得再有齟齬。
>
> 除立案外，合行示禁。為此，示仰該處業戶佃民人等知悉：爾等務須遵照前定斷案，毋得再啟爭端，致干咎戾。
>
> 其各凜遵，毋違！特示。
>
> 光緒貳拾年玖月　日給。

第四節　小　結

在浩天宮調查登錄的文物共計 22 件，以神像最多，有 9 尊，其中媽祖神像有 7 尊，境主公與註生娘娘神像各 1 尊；供器只有香爐 3 件，匾額 7 方，碑碣 3 座。

在文物年代方面，能在文物上找到年款的有 12 件，依時間排序，道光年最早，有 3 件，同治 1 件，光緒 2 件，大正 1 件，昭和 3 件，民國 2 件。其沒有年款可考的有 10 件，其中 3 件推測為日治時期，6 件疑似清代，1 件疑似民國。從文物年款件數統計來看，確定為清代加上疑似清代的文物有 12 件，確定為日治加上推測為日治的有 7 件，確定為民國加上疑為民國的有 3 件。

從調查成果可看到，浩天宮文物以清代最多，年代以道光年最早，與開發史所推測的結論相符。值得注意的是，相傳浩天宮於咸豐 6 年遷建於現址，但文物調查中，卻未發現屬於咸豐年款文物，有待更多考證。

〔註28〕臺灣銀行經濟研究室編輯，《臺灣中部碑文集成》，頁 121～122。

表3-2　浩天宮登錄文物年款件數統計表

年　　款		文物項別	登錄文物名稱	登錄流水號	年款件數
道光款		（3）	「澤被海邦」匾	009	3
		（3）	〈嚴禁佔墾西勢牧埔碑〉	013	
		（3）	〈嚴禁恃強佔墾西勢牧埔碑〉	014	
同治款		（3）	「德保生民」匾	006	1
光緒款		（2）	筒形磬足光緒款青瓷香爐	004	2
		（3）	〈嚴禁五福圳爭水滋鬧碑〉	015	
大正款		（3）	「功同天地」匾	008	1
昭和款		（3）	「聖德昭宏」匾	001	3
		（3）	「聖德配天」匾	002	
		（3）	「護國保民」匾	003	
民國款		（3）	「神昭海表」匾	007	2
		（1）	蓬萊媽神像	018	
無年款	疑似清代	（1）	三媽神像	012	6
		（1）	四媽神像	016	
		（1）	五媽神像	017	
		（1）	境主公神像	020	
		（1）	湄洲媽神像（軟身）	021	
		（1）	註生娘娘神像（軟身）	022	
	推測日治	（1）	二媽神像	011	3
		（2）	刈火爐	005	
		（2）	金閣寺鏨刻紋銅爐	010	
	疑為民國	（1）	北港四媽神像	019	1

第四章　浩天宮文物考證與分析

第一節　清代文物

在浩天宮調查所得 22 件文物中，確定爲清代的文物有 6 件，包括 1 件香爐、3 座碑碣、2 方匾額。另外，在沒有年款的文物部分，依風格類型判斷，有 6 件疑似爲清代文物。

一、清道光

浩天宮登錄文物中，屬於清道光年款的有 3 件，分別是〈嚴禁佔墾西勢牧埔碑〉、〈嚴禁恃強佔墾西勢牧埔碑〉、「澤被海邦」匾。

（一）〈嚴禁佔墾西勢牧埔碑〉

年款爲道光 11 年臘月（1831 年 12 月），是本次浩天宮文物調查中，所得年款最早的。此碑現置於浩天宮文物室內，早在民國 51 年（1962）的《臺灣中部碑文集成》中，說明「碑在梧棲鎮，嵌於大莊浩天宮外右牆。」〔註 1〕到了民國 86 年（1997）做的碑碣調查《臺灣地區現存碑碣圖誌・臺中縣市・花蓮縣篇》中，此碑位置在「廟埕右壁」，〔註 2〕可見此碑在民國 51 年之前便嵌在浩天宮宮外牆壁，直到民國 86 年時仍在牆中。但不能確定〈嚴禁佔墾西勢牧埔碑〉是否在道光 11 年（1831）便嵌在「廟埕右壁」，有可能在光緒 20 年（1894），楊瑤卿出資修建三川殿時，便將此碑嵌於廟埕右壁。

〔註 1〕臺灣銀行經濟研究室編輯，《臺灣中部碑文集成》，頁 93～94。
〔註 2〕何培夫主編，《臺灣地區現存碑碣圖誌・臺中縣市・花蓮縣篇》，頁 101。

　　碑文文字屬於官府公告，內容中出現沙轆大庄、陳厝庄、南簡庄、火燒橋、八張犁、海墘厝等地名，也就是今日興農里、福德里、南簡里等地。因居民向官府呈稱，「上、下西勢牧埔，屢被民番佔墾築田」，官府由是公告禁令，不許民番佔墾上、下西勢牧埔地。「西勢牧埔地」所指之地不明，但從道光 12 年（1832）的〈嚴禁恃強佔墾西勢牧埔碑〉中提到「址在大庄等處西勢一帶上下」，可能係指大庄里、福德里之西，今梧棲草湳里、頂寮里濱海一帶，此處是梧棲開發最遲之處。顯示當時梧棲地區的開發已漸趨飽和，私墾築田之人為數不少，官府特別勒碑示禁。

（二）〈嚴禁恃強佔墾西勢牧埔碑〉

　　年款為道光 12 年 6 月（1832），也是屬於官府公告，此碑現嵌於浩天宮三川門右邊內壁，與〈嚴禁佔墾西勢牧埔碑〉內容相似。兩碑時隔僅一年，可見當時土地私墾的糾紛不少，官府雖三令五申，但成效不彰。也可由此推測，此時梧棲地區的居民應是以農耕為主，因此爭相在此處佔墾築田。

　　利用碑碣記事的目的，是為了公告民眾周知，故官府的示禁碑豎立地點均是明顯易見、堅牢穩固的場所為主，如交通要津、公園林地、寺廟祠堂、行政機關、文教中心、公墓塚地、田園埤圳、邊緣交界處等地。〔註 3〕道光 11 年的〈嚴禁佔墾西勢牧埔碑〉與道光 12 年的〈嚴禁恃強佔墾西勢牧埔碑〉，兩座立碑如今均存置於浩天宮中，如果在立碑之時便已置於宮廟中，即可說明浩天宮建廟必不晚於道光 11 年。但也可能示禁碑當時豎立於交通要津；當時梧棲地區有數條河溝水路通行，黃海泉在〈梧棲沿革誌〉中說到：「一由大溝堤岸經南簡、三塊槤抵罵頭（即清水），一由河城溝堤岸經大庄抵沙轆。」〔註 4〕當時立碑處可能為人行往來必經之地，今日浩天宮所在位置亦為梧棲往來南北交通便利之地，或有可能當時立碑地與浩天宮廟址相距不遠，後來因道路拓寬而搬到浩天宮中存放。當光緒 20 年（1894）楊瑤卿出資修建三川殿時，才將道光 12 年的〈嚴禁恃強佔墾西勢牧埔碑〉嵌入右邊內壁中，將道光 11 年的〈嚴禁佔墾西勢牧埔碑〉嵌於宮外廟埕右壁。

　　這兩座道光年的石碑與梧棲開發史有密切關係，不僅是浩天宮的重要文物，對梧棲開發史也具有歷史意義。兩座碑文中出現了沙轆大庄、大庄、陳厝庄、南簡庄、火燒橋、八張犁、海墘厝等地名，表示今天梧棲的南簡里、

〔註 3〕曾國棟，《臺灣的碑碣》（新店市：遠足文化，2003），頁 30。
〔註 4〕黃海泉，〈梧棲沿革誌〉，頁 201。

福德里、大庄里在道光年都已開發了，而且幾近飽和，卻還不斷有其他民番違法開墾，可見此時的梧棲還在吸納移民，應屬於新興開發區。從碑文中還可看出，當時漢人與遷善南北社番民競相佔墾築田的狀況，可知道光年間的梧棲應該還是民番雜處的狀況。最後具名人出現了業戶、總理、甲首、通土、差甲、社主等頭銜，應是當時村庄組織中的管理人員。道光 19 年（1839）臺灣道姚瑩在〈與湯海秋書〉中曾論述臺灣地方自治的聯庄，說道：「一縣千數百莊，莊有董事十數，董事舉一總理，理之、董之……」，〔註5〕可知至少在道光 12 年時，梧棲民間已組織了聯庄，施行保甲制度，已經具有地方行政組織了。

（三）「澤被海邦」匾

中行、上款與下款三部分皆備，邊框刻有纏枝唐草紋，上款為「道光丁未年桐月　明治三十九年丙午陽月重修」，下款為「軍功職員蔡振玉偕三男雲龍敬立　總理楊瑤卿暨眾弟子　□□」。因被前方匾額遮掩，無法觀看全貌，不知下方文字。上款有兩個年款，一是道光丁未年桐月立（道光 27 年 3 月，1847），一是明治 39 年陽月（1906 年 5 月）重修。「澤被海邦」有頌讚媽祖恩澤遍布四海之意，匾額原本於道光 27 年製作，未見拼接痕跡，以一整片木板製成。中行「澤被海邦」四字以減地刻製，粗體行書陽刻，文字筆觸自然，墨書筆畫見拖痕及破筆，上、下款字已蒙上油灰而不清楚，匾面密布凸起顆粒，似乎經過金蔥處理。

道光 27 年製作「澤被海邦」匾之動機不明確，但從梧棲開發史來看，梧棲自曾作霖向鹿港北路同知秉繳詳注圖說後，於道光 25 年（1845）正式開港，從此步上繁榮。在〈道光 26 年署臺灣北路理番駐鎮鹿港總捕分府為示諭交納事〉中更可印證，梧棲在道光 12 年（1832）之後的快速發展，梧棲在十多年間，從海濱斥鹵之無用荒埔，變身為瓦店林立的聚落，以至於署臺灣北路理番駐鎮鹿港總捕分府發出諭令，規定鰲栖港街的鋪戶和居民，必須向當地業主曾安國給單納稅。可想而知，道光 25 年之後，梧棲的經濟一飛沖天，地方財富迅速增加了，信徒或許因此於道光 27 年（1847）致贈匾額，頌讚媽祖的恩澤。經過 59 年後的明治 39 年（1906），這方匾額被重修，在《寺廟臺帳》中記錄了明治 37 年（1904）的重修，指出當時浩天宮由爐主陳厝庄蔡義武、大庄楊廷輝、梧棲港街楊瑤卿、牛罵頭街蔡蓮舫等人募金

修建，並於明治 39 年整建完成，下款也留下總理楊瑤卿及軍功職員蔡振玉、蔡雲龍之名。「澤被海邦」匾印證了《寺廟臺帳》的記錄。

以清代匾額來說，因臺灣尚未開採大型巨木，因此多以較小的福建杉木數塊拼接而成，必須從福建運來，直到日治後開始開採臺灣大型巨木，才有整片木板製成的匾額。〔註6〕「澤被海邦」匾為道光年製作，明治年重修，製作匾額時臺灣尚未開採大型巨木，卻能使用一整片木料施作匾額，實為少見。推測當時梧棲當地可能有木作工匠，又因處於濱海港口，南北貨物匯流於此，故較易取得大木料施作匾額。

二、清咸豐～同治

浩天宮登錄文物中，屬於清咸豐年款的沒有，清同治款的僅有 1 方「德保生民」匾。

這方匾額為木板拼接，中行由一整片木板製成，上下方各拼接一條木條。中行為楷書「德保生民」，以減地方式刻出陰文。上款為「同治元年陸月統帶淡勇防甲進攻梧棲海埔厝等庄 二年十一月隨同丁觀察克復彰城 皆叨」，下款為「神佑 同治三年三月吉旦信官王楨、鄭榮全叩謝」。該匾額用途為致謝隆恩，主要是感謝媽祖庇佑，從上款中可知與戴潮春事件平亂有關。戴潮春在同治元年（1862）起兵抗官，並攻陷彰化縣城，清兵歷經三年才平定，為臺灣三大民變之一，戰亂也波及了梧棲。〔註7〕在《戴案紀略》中記錄同治 2 年（1863）春時：「勇首蔡宇克復牛罵頭、梧棲等汛。梧棲海口為逆黨接濟洋煙鉛藥之所，而泉人何守為股首，潛通聲息，故城外泉莊皆遭殘毀，惟梧棲港、牛罵頭生理獲利數倍。」〔註8〕可見梧棲的港口機能在此時發揮極大作用，戴潮春以梧棲作為軍火轉運點，梧棲不只未受到破壞，貿易獲利反而更多。同年 10 月 27 日，「林占梅偕蔡懷斌、蔡鴻猷進兵梧棲港，別令王楨、鄭榮協攻海埔厝。懷斌夙嫻兵事，地方又熟；分鄉兵為三路，進攻水師寮及何厝莊。」〔註9〕最後官兵屢勝，收復許多地方，浩天宮「德

〔註6〕 李建緯，〈臺灣媽祖廟中所見「與天同功」匾之風格與工藝問題〉，頁 309～337。

〔註7〕 關於戴潮春事件對梧棲的影響與王楨、鄭榮獻匾始末，詳見卓克華，〈臺中縣梧棲鎮真武宮的歷史調查與研究〉，頁 103～134。

〔註8〕 〔清〕林豪，《東瀛紀事》，頁 18。

〔註9〕 蔡青筠，《戴案紀略》，頁 51。

保生民」匾便是在戴潮春事件中，官兵克復梧棲後，由王楨、鄭榮獻上，用以記錄此事，並感謝媽祖庇護。

　　因戴潮春事件，王楨、鄭榮在臺中海線地區及苗栗總共敬獻了 7 方匾額，除了梧棲浩天宮的「德保生民」匾外，還有梧棲萬興宮的「護國佑民」匾、梧棲眞武宮的「威昭瀛嶼」匾、大甲鎮瀾宮的「德保生民」匾、「慈芘兵戎」匾、清水紫雲巖的「慈芘兵戎」匾，及苗栗通宵慈雲寺的「慈芘兵戎」匾〔註 10〕【表 4-1】。這七方匾額的上款均為「同治元年陸月統帶淡勇防甲進攻梧棲海埔厝等庄 二年十一月隨同丁觀察克復彰城 皆叩」，下款同為「神佑 同治三年三月吉旦信官王楨、鄭荣全叩謝」。匾額製作工藝相同，均爲木板拼接，中行文字均帶書法筆法，筆跡相似，「民」字末筆皆出頭，應是同時間製作。

表 4-1　王楨、鄭榮敬獻匾額七方

項次	所在地	圖　片	上款	下款	製作工藝
1	梧棲浩天宮	圖版：田調拍攝　拍攝日期 102.9.13	同治元年陸月統帶淡勇防甲進攻梧棲海埔厝等庄 二年十一月隨同丁觀察克復彰城 皆叩	神佑 同治三年三月吉旦信官王楨、鄭荣全叩謝	拼接木板、陰刻字體
2	梧棲萬興宮	圖版：楊順宇拍攝　拍攝日期 103.10.26			拼接木板、陰刻字體

〔註 10〕南投縣政府文化局委託，研究案號（1022201003-E）林仁政主持，阮炳港、吳泰慶協同主持，《重要古物「刑期無刑」古匾保存管理維護調查報告結案報告書》（南投：南投縣政府文化局，2013），頁 48。實施期程：102.03～102.12。

3	梧棲 真武宮	圖版：楊順宇拍攝 拍攝日期 103.10.26		拼接木板、 陰刻字體
4	大甲 鎮瀾宮			拼接木板、 陰刻字體
5		圖版：李建緯提供 拍攝日期 100.3.4		拼接木板、 陰刻字體
6	清水 紫雲巖	圖版：楊順宇拍攝 拍攝日期 103.10.26		拼接木板、 陰刻字體
7	通宵 慈雲寺	圖版：慈雲寺提供		拼接木板、 陰刻字體

表註：慈雲寺之「慈芘兵戎」匾，因其他匾額遮擋不得全貌，感謝廟方熱心提供完整匾額照片。

　　臺灣媽祖廟中的匾額經常反映媽祖的助戰功能，清代前期反映的是幫助清廷統一和穩定臺灣，中後期則幫助臺灣地方官府剿寇和平定民變，也能幫

助清軍順利渡海和抵抗洋人侵略。〔註11〕王楨、鄭榮敬獻的「德保生民」匾，可反映媽祖幫助地方官府平定民變，匾辭兼具頌讚箴銘和致謝隆恩的功能。在戴潮春事件中，梧棲的港口發揮了轉運功能，商人因此獲得更多利益，可說明同治年的梧棲，已是一個憑藉港口轉運的商貿鄉鎮了。

三、清光緒

浩天宮登錄文物中，屬於清光緒年款的有 2 件，分別是筒形磬足光緒款青瓷香爐，及〈嚴禁五福圳爭水滋鬧碑〉。

（一）筒形磬足光緒款青瓷香爐

香爐年款爲「光緒伍年」（1879），具晚清時期漳州東溪窯的風格，器身刻有纏枝牡丹紋，爲晚清常見的青花瓷花紋，應是隨著對岸的商船來到梧棲。香爐上有「浩天宮」「天上聖母」，還有敬獻人「新興庄弟子紀經講叩謝」字樣，頗具歷史意義。香爐上所有文字皆以尖錐敲擊刻劃而成，文字有手書的樸拙感，似乎並非出自專業工匠之手，以文字刻鑿的手法來看，應是敬贈者自行製作。當時光緒 5 年浩天宮並無重修記錄，或有可能爲了宮廟有新進神像而添置。

青瓷刻花香爐常見於晚清時期，多爲閩南漳州窯系，以纏枝牡丹紋最常見，下方多有三磬足【表4-2】。同款式香爐多未見年款，但浩天宮所見之青瓷香爐不僅有宮廟名號，還有年款及敬贈人名款，敬贈人爲「新興庄人紀經講」，「新興庄」似爲今龍井區新庄村一帶，日治時與大庄同隸屬於大肚中保。此香爐高 18 公分，以晚清常見的青花瓷香爐來說，尺寸不算小，且在香爐上特意刻鑿了宮廟名稱及年款，可見當時敬獻香爐時之愼重，若能追溯當時敬獻香爐之動機，對浩天宮沿革史應有助益。

〔註11〕劉福鑄，〈從清代臺灣媽祖宮廟題匾看媽祖的助戰功能〉，頁20～25。

表 4-2　晚清青瓷刻花香爐三款

梧棲浩天宮	西屯隆興宮	鹿港陳家
年款：光緒伍年歲次己邘潤桐月置	無年款	無年款
直徑寬 22，高 18 公分	直徑寬 15.5，高 12.5 公分	直徑寬 8.5，高 7 公分
拍攝日期 102.10.15	拍攝日期 102.8.15 圖版：李建緯提供	拍攝日期 102.9.2 圖版：李建緯提供

（二）〈嚴禁五福圳爭水滋鬧碑〉

　　年款爲光緒 20 年 9 月，現嵌於浩天宮三川門左邊內壁。碑文爲官府公告，內容爲大肚西保業戶蔡源順等人，與苗屬墩仔腳庄〔註 12〕張程材等人因爭水滋鬧，官府出面調解紛爭，重申水源分配等事項，也諭令雙方不得再因此輕啓爭端。

　　五福圳爲大肚上、中保的重要灌溉水圳，引大甲溪水灌溉清水、沙鹿及梧棲等地農田，於雍正 11 年（1733）開圳，乾隆 3 年（1738）完成。〔註 13〕從碑文來看，可推測梧棲在光緒 20 年時，已是良田阡陌的地區。碑文中提到的「大肚西堡業戶蔡源順」，指的是蔡八來創設的「蔡源順商號」，蔡家爲清水大戶，從事海上貿易。蔡八來創設蔡源順商號後，因經營有道，上繳朝廷的稅額超過白銀百萬，因此受封資政大夫官銜。蔡八來三子名懷斌，在繼承家業後，商號更加發揚光大，在福建各港口均設有行郊，而蔡懷斌本人曾與

〔註 12〕墩仔腳庄爲今日后里墩東、墩西、墩北、墩南四里，當時隸屬苗栗縣大甲三堡。見洪敏麟，《臺灣舊地名之沿革（二下）》，頁 77。

〔註 13〕陳聰民，〈五福圳變遷之探討〉，《臺灣文獻》，52：4（南投，2001.12），頁 417～475。

清廷官兵共同平定戴潮春事件。蔡八來五子名懷淇，懷淇長子名蓮舫，曾任大肚堡長、臺中區區長等職。日治時期著名的臺灣民族運動發起人蔡惠如，亦出身蔡源順家族，是地方上頗具名望的殷實大戶。〔註14〕《寺廟臺帳》中關於浩天宮在明治37年的重修記錄中，蔡蓮舫爲重建發起人之一，可見浩天宮的信徒範圍，已經涵蓋了清水一部分。

此碑現嵌於浩天宮三川門左邊內壁，另一側右邊內壁則是嵌入道光12年的〈嚴禁恃強佔墾西勢牧埔碑〉。因光緒20年時，浩天宮三川殿由楊瑤卿出資修建，這兩座碑應是當時嵌入左右牆內壁中。

光緒20年（1894）的〈嚴禁五福圳爭水滋鬧碑〉，對梧棲開發史具有歷史價值。五福圳是清水、沙鹿及梧棲的重要灌溉水圳，乾隆年時與貓霧捒圳合稱大甲溪圳，在道光年間的大甲溪圳才單指五福圳。〔註15〕關於五福圳除了浩天宮的〈嚴禁五福圳爭水滋鬧碑〉外，還有一座〈五福圳結狀諭示碑〉。這座碑在《臺灣中部碑文集成》中說明，「原碑已失。文載『臨時臺灣舊慣調查會第一部調查第三回報告書』『臺灣私法附錄參考書』第一卷下；並云：『在大肚中堡大莊』。」碑文爲：

> 特授臺灣府知府在任候補道陳，仰臺令葉、苗令沈〔註16〕勘諭具遵依甘結狀。

> 本年亢旱，臺灣縣大肚堡之人循照舊章程，朴仔籬地方決三分之水。不意，中途被苗栗縣民張廷材（即張戇）在枋寮地方之下鑿圳兩道，橫截溪流；致臺邑大肚堡水田，更益乾涸，紛紛爭控，致令填塞圳道。今經臺、苗兩縣會勘定斷：查張廷材（即張戇）所開兩圳，已歷二十餘年之久。其上流穿山數十丈，所費工資尤屬不輕；以兩圳須令填塞，實有爲難。且當年溪流充足，以其有餘分潤墩仔腳等處各莊之旱田，於此無損、於彼有益，有何不可？斷令不必填塞，常年溪水充足，仍照舊引灌。至現時圳道不通，墩仔腳等處各莊人民牲畜皆憂乾渴；斷

〔註14〕蔡紹斌，《清水第一街：大街路尋根溯源》（臺北市：地景企業，1997），頁75、85～86。

〔註15〕陳聰民，〈五福圳變遷之探討〉，頁417～475。

〔註16〕「臺灣府知府在任候補道陳」指臺灣知府陳文騄，「臺令葉、苗令沈」分指臺灣縣知縣葉意深，苗栗縣知縣沈茂蔭。見劉寧顏總纂，鄭喜夫編纂，《重修臺灣省通志・卷八職官志文職表篇（一）》（南投：臺灣省文獻委員會，1993），頁72、253、257。

令於四月初三日引灌一晝夜，如再不雨，四月十一日復引灌一晝夜。
嗣後每隔八日，引灌一次，仍以一晝夜爲準，俾資渴飲。兩邑之民，
各宜遵照，按時引灌，無得爭多競寡，致滋事端。張廷材（即張鸞）
等須知朴仔籬所決三分之水，本屬臺邑大肚堡應有之水份，現係情
讓；以後如再遇旱歲，不得援以爲例。務盍自覓水源，開濬疏通，令
其充沛，以防備災；庶乎利己而不損人，方臻妥當。著各具結完案，
自此定斷以後，永不准在大甲溪濱另穿山洞及另開埤圳等情；並著遵
照大肚堡眾業戶等遵照。合具遵依結是實。

光緒二十年（歲次甲午年）九月□□日立置（三月諭示，九月勒碑）。

〔註17〕

這兩座碑皆爲官府公告，內容相似，立碑時間同爲光緒 20 年 9 月
（1894），〈五福圳結狀諭示碑〉日期末加註了「三月諭示，九月勒碑」兩句
話，可見勒碑時間確實是 9 月，也就是兩座碑是同時製作的。〈嚴禁五福圳
爭水滋鬧碑〉確定存在浩天宮，另一座佚失的〈五福圳結狀諭示碑〉雖在日
治的調查中說明「在大肚中堡大莊」，但並不在浩天宮。碑文的性質屬於官
府公告，當置於人行往來必經之處，這兩座石碑公告內容相似，公告時間相
同，應該不會放在同一地，分置兩處才更能廣爲人知。因此，推測佚失的〈五
福圳結狀諭示碑〉應置於他處，或許置於朴仔籬或墩仔腳，而不在大肚中保。

從這座〈嚴禁五福圳爭水滋鬧碑〉可知，當時的浩天宮應是村莊的議事
中心，業戶、總理、甲首們遇事便聚集在浩天宮商議對策，表示到了光緒 20
年（1894）時，浩天宮已是地方公廟，具有推廣官方公告的政治功能。

四、疑似清代

在沒有年款的文物中，有三媽神像、四媽神像、五媽神像、境主公神像、
軟身湄洲媽神像、軟身註生娘娘神像等 6 尊，風格類型均類似清代，應是清
代中後期作品。

這 6 尊神像在《寺廟臺帳》中，已有記錄的神像除軟身湄洲媽神像外，
其餘 5 尊神像都已在列。屬於從祀神的有三媽、四媽、五媽，都是主祀神的

〔註17〕原碑已佚失，碑文及標點參照：臺灣銀行經濟研究室編輯，《臺灣中部碑文集
成》，頁 120～121。

分身神像。境主公及註生娘娘則爲陪祀（同祀）神，神像皆爲木像，可知在明治晚期時，這些神像都已存在，浩天宮當時已具一定規模。

　　神像有年款的不多見，只能從風格類型比較來斷定，以髮型和臉型、五官所呈現的風格做比較，推測其相對年代。

　　媽祖神像的髮型多是俗稱的「媽祖頭」樣式，從後方看，頭髮分爲三片，左右髮片（或頭巾）上方被帽冠包覆，中間爲一垂髻。曾國藩的女兒曾紀芬，曾把流行於同治元年（1862）前後的女子髮型留下記錄，據曾紀芬所言，當時流行的都是垂髻，在腦後梳一長髻，再用假髮纏繞。〔註18〕可見清代中晚期女子的髮型流行垂髻，神像製作時應該也會參照當代流行的樣式，因此女性神像多以相似髮型雕刻。年代早的較寫實，可見到髮絲柔軟的感覺；年代晚的較抽象，逐漸失去髮絲柔軟樣。

〔註18〕馬大勇編著，《雲鬢鳳釵——中國古代女子髮型髮飾》（濟南：齊魯書社，2009），頁140。

表 4-3　清道光～同治年間媽祖神像二款

	新港奉天宮五媽	鹿港舊祖宮大聖母
臉型、五官		
說明	臉型線條柔和、五官刻劃較淺	臉型線條柔和、五官刻劃較淺
髮式		
說明	髮片明顯，垂髻長、折角明顯	髮片有髮絲狀，垂髻折角明顯
年款	無，但廟方傳說為道光年	同治十二年造
圖版	李建緯提供 拍攝日期 102.5.12	陳仕賢提供 拍攝日期 102.2.4

　　而臉型和五官的變化，則從線條柔和、五官刻劃較淺慢慢變得線條較硬，五官刻劃越深、越顯立體。

（一）三媽神像

　　三媽神像尺寸不大，高 37 公分，前往北港進香時會隨行，相傳三媽是「客家人」來臺時的船頭媽，年代很久遠，底座可能有蛀蝕，神像已有傾斜現象。廟方表示，三媽才是浩天宮的開基媽祖，目前由德順宮供奉，只有當浩天宮聖母要回北港刈香或問事時，才會將三媽請回浩天宮。神像的髮後有三片髮片，下方垂髻有折角、尖尾，即俗稱的「媽祖頭」。目前所見女性神像皆為同樣髮式，並非惟獨媽祖神像才有，應是清代女子常見之髮式。

表 4-4　女性神像髮式三款

新港奉天宮開基媽髮式	臺中萬春宮註生娘娘髮式	臺中萬春宮九天玄女髮式
拍攝日期 102.5.12	拍攝日期 101.5.14	拍攝日期 101.5.14
圖版：李建緯提供	圖版：《臺中萬春宮古物調查報告》〔註19〕	

　　三媽神像的臉及雙手均為黑色，漆色猶新，右手持笏版，左手平放於膝上，為常見的媽祖坐姿，據廟方人員透露，神像曾經在 50 多年前請人重修過。三媽是浩天宮的開基媽，應是宮廟中年代最早的神像。在民國 48 年（1959）《臺灣省宗教調查書・臺中縣（二）》中曾記錄，天上聖母木像的製作年代為嘉慶 11 年（1806），但三媽神像並未見到任何年款。不知是否另有嘉慶 11 年之神像，或是三媽神像在重修時，新的漆料將年款覆蓋了。昭和 4 年（1929）4 月 2 日的《臺灣日日新報》報導：「既報大甲郡梧棲街大庄浩天宮三聖母，在大肚方面顯赫，由該地人士，裝塑神像，訂四月一日⋯⋯是日為該神像開光期。」〔註20〕昭和 4 年（1929）5 月 3 日的《臺灣日日新報》又報導：「臺中州大甲郡梧棲街大庄浩天宮，配祀之天上聖母通稱沙鹿媽祖，本年舊二月上旬，重塑金身。⋯⋯」〔註21〕由此可知，浩天宮在昭和 4 年曾將寺廟中的神像重修過，三媽神像和其他神像可能在同時間一併重修。

　　三媽神像的五官刻劃較淺，頭髮的垂髻較長並微向外翹，為清代媽祖神像風格。神像為泉州派工藝，傳說是客家人來臺時的船頭媽，而浩天宮在《寺廟臺帳》中曾記錄為「廣東人創立的媽祖會」，在〈東天宮沿革誌〉也明言，東天宮「原址本供奉天上聖母（原是客籍人士所供奉）」，由此推論，早期客家移民曾在梧棲居住。在〈乾隆 49 年吳日燦立空地相換契約〉中，寫有「今羅宅、

〔註19〕 施雲萍、林郁瑜，《臺中萬春宮古物調查報告》，臺中逢甲大學歷史與文物研究所，2012 年 6 月，未刊稿。其後，張桓忠據此調查研究資料，引用於《萬春宮志》（臺中：臺中市萬春宮管理委員會，2014）。
〔註20〕 〈訂正一則〉，《臺灣日日新報》（臺灣），1929 年 4 月 2 日（四）。
〔註21〕 〈歡迎香客〉，《臺灣日日新報》（臺灣），1929 年 5 月 3 日（四）。

世祖會會首羅仲桂、漢等買有禾坪壹塊，其地東至吳宅屋前，西至何宅禾埕石釘⋯⋯」字句。從「禾坪」及「禾埕」〔註22〕可知，立契人應為客家人，可見在乾隆年間，梧棲地區確實有客家人落戶，並從事農耕。而今日梧棲多是泉籍人，雖在康熙中葉以前，渡臺漢人以閩人居多，但自康熙中葉以後，潮惠粵籍人士亦逐漸增加，此時湧入臺中地方移墾者，應不限於閩籍，粵籍人士也不少。隨著拓墾範圍擴大，可耕地減少，閩粵移民面臨生存空間的競爭，開始以語言為認同的分類械鬥，造成閩粵兩籍居民遷徙，逐漸形成各籍居民分區聚居的現象。清代在牛罵頭及沙轆曾發生幾次分類械鬥，乾隆51年（1786），林爽文事件演變為漳與泉粵械鬥，使牛罵頭粵人移居南坑、葫蘆墩、東勢角。嘉慶11年（1806），沙轆發生漳泉械鬥。嘉慶14年（1809），沙轆及牛罵頭的漳與泉粵再度械鬥。道光6年（1826），牛罵頭發生泉粵械鬥，粵人再度遷徙，集中往葫蘆墩、東勢角及苗栗一帶。粵籍人士信仰的三山國王廟，在沙鹿有建於乾隆10年（1745）的保安宮，清水有建於乾隆11年（1746）的調元宮，可見證粵籍移民的移墾。〔註23〕經過幾次的械鬥結果，讓粵人遷徙移居他處，到日治昭和元年（1926），臺灣總督府官房調查課所統計的《臺灣在籍漢民族鄉貫別調查》中，清水、沙鹿與梧棲的居民籍貫，均以泉州三邑人（晉江、惠安、南安）最多，同安及安溪分佔二、三位，無漳州和潮、惠州籍貫之居民。〔註24〕

　　梧棲在乾隆30年（1765）年左右的《臺灣輿圖》中，出現了詔安厝（今興農里）聚落，應是詔安人居住，詔安雖屬福建漳州，但卻是操客家方言，與泉人語言不同。日治時期關口隆正的〈臺中地區移民史〉中曾記錄「牛罵頭，原為粵人所開拓，後來被泉人殷戶所買收，泉漳人資力厚而粵人貧」之語，〔註25〕梧棲可能也是相同情況。粵、漳人雖曾來到梧棲開墾，但經過族群械鬥，多數粵人、漳人移居他處，因此詔安厝只出現在乾隆中葉的輿圖中。即使少數留在原居地的粵人、漳人，也成為弱勢族群，逐漸被泉人語群同化，

〔註22〕 「禾坪」及「禾埕」皆為客語，指曬穀場。中華民國教育部，「臺灣客家語常用詞辭典網路版」http://hakka.dict.edu.tw/hakkadict/result_detail.jsp?n_no=13540&soundtype=0&sample=%E7%A6%BE%E5%9F%95（瀏覽日期2015/01/21）

〔註23〕 洪麗完，〈清代臺中地方福客關係初探〉，《臺灣文獻》，41：2（臺中，1990.06），頁63～93。

〔註24〕 臺灣總督府官房調查課編，《臺灣在籍漢民族鄉貫別調查》（臺北：臺灣時報發行所，1928），頁6～17。

〔註25〕 關口隆正著、陳金田譯，〈臺中地區移民史〉，《臺灣風物》，30：1（臺北，1980.03），頁9～33。

讓清水及梧棲成爲泉籍優勢地區。由浩天宮三媽神像的船頭媽之說，似可再追溯客家人在梧棲地區的開發史。

（二）四媽神像

四媽神像高 41 公分，廟方表示，往北港進香時，四媽並不隨行，但從北港回鑾時，四媽會到西螺大橋接頭香。神像之臉雖呈黑色，但雙手爲粉色，領口處與頸項後方亦可看到粉色，右手持圭版，左手平放於膝上。和三媽神像一樣，四媽也梳媽祖頭，垂鬢較長、折角明顯，面容五官與三媽相似，但五官刻劃較深，風格類型也屬清代，惟年代應稍晚於三媽。

（三）五媽神像

五媽神像高 40 公分，廟方表示，五媽是在梧棲雕刻的神像，主要是在大庄媽從北港回鑾時擔任二香。與四媽相比，五媽的臉也呈黑色，雙手同爲粉色，領口處與頸項後方亦可看到粉色，但五媽的五官稍顯立體，臉型稍長，垂鬢長、折角較不明顯，年代應晚於四媽。

表 4-5　浩天宮三媽、四媽、五媽神像細部比較

	三媽	四媽	五媽
五官臉型			
	五官刻劃較淺	五官刻劃較深	稍顯立體、稍長
垂鬢			
	較長、微向外翹	較長、折角明顯	較長、折角不明顯
尺寸	高 37 公分	高 41 公分	高 40 公分
拍攝日期	102.10.14	102.11.15	102.11.15

　　除了四媽神像，浩天宮的二媽、三媽、五媽、蓬萊媽、北港四媽神像之底座，現均以金屬片包覆。廟方表示，早期信徒常以神像底座之木屑做藥引，因此被鑿挖出凹痕，所以才將神像底座以金屬皮包覆。浩天宮四媽神像之底座明顯可見挖鑿痕跡，同樣的情形在新港奉天宮、大甲鎮瀾宮也有。傳說鎮瀾宮的四媽善於醫藥，信徒常在媽祖神像底座挖取木屑，與藥包同時煎煮服下，信徒相信如此做便可使身體的病痛痊癒，因此鎮瀾宮有「大媽鎮殿，二媽吃便，三媽愛人扛，四媽閹尻川」之說。〔註26〕媽祖廟中有時也會有藥籤，供信徒求取，浩天宮並沒有藥籤，但信徒們仍相信大庄媽的神力，刮取神像的木屑做藥引，可見信眾對大庄媽的信賴。在早期醫藥不發達的社會中，浩天宮不僅提供鄉民心靈的寄託，也提供身體病痛的安慰，兼具宗教與醫療功能。

圖 4-1　浩天宮四媽底座

〔註26〕林茂賢，〈臺灣媽祖信仰〉，頁 40～45。

圖 4-2　新港奉天宮四街祖媽神像底座

圖版：李建緯提供

（四）境主公神像

　　境主公神像高 51 公分，文武腳坐姿，椅背上繪有虎皮紋，白面，眉眼上揚，廟方表示，境主公神像在浩天宮建成時即有。神像出現年款並不多見，臺中萬春宮中的包公神像刻有「癸未年」字樣，經查證，萬春宮於道光 4 年（1824）重建，神像應是為了宮廟重修而製作，故推論「癸未年」為道光 3 年（1823）。〔註 27〕而萬春宮中另有城隍爺神像，就風格類型比較，均可推論同為道光 3 年前後作品。再將浩天宮境主公神像與兩者相比對，三尊神像之臉型、五官風格相類，眉眼具呈細長上揚狀，臉型偏向國字臉，地閣飽滿，神情均帶有凜然之氣，尺寸不超過二尺，故推測浩天宮境主公神像應為清中晚期作品。

〔註 27〕施雲萍、林郁瑜，《臺中萬春宮古物調查報告》，未刊稿。

表 4-6　浩天宮境主公神像與萬春宮城隍爺、包公神像

	正面	背面	五官	尺寸
梧棲浩天宮 境主公神像 拍攝日期 102.11.15				高 51，寬 24，深 20 公分
臺中萬春宮 城隍爺神像 拍攝日期 101.5.14				高 60，寬 23，深 23 公分
臺中萬春宮 包公神像 拍攝日期 101.5.14				高 40，寬 16，深 16 公分

（五）軟身湄洲媽神像

　　軟身湄洲媽神像，因置於神龕中，不宜移動，故未做尺寸測量，亦不便做細部觀察與拍攝。這尊湄洲媽祖神像據傳是在對岸走私船上，後因海關查緝被沒收，最後由浩天宮請回奉祀，正確時間已不確定，應該在民國 70～80 年左右。湄洲媽神像的五官及臉型，與大陸湄洲祖廟的媽祖神像相似，眉眼較細長、上揚，嘴巴小、點胭脂，臉型偏似鵝蛋臉，樣貌年輕，浩天宮的湄

洲媽係來自湄洲應無疑慮。

　　浩天宮湄洲媽神像因不便做細部觀察，無法比對更多部位，實難斷定其年代，從丹鳳眼及櫻桃小口的造型來看，似偏向清代，但也不排除為近現代仿古風格之作品。

表4-7　湄洲媽祖神像二款

湄洲媽祖祖廟正殿神像	浩天宮湄洲媽
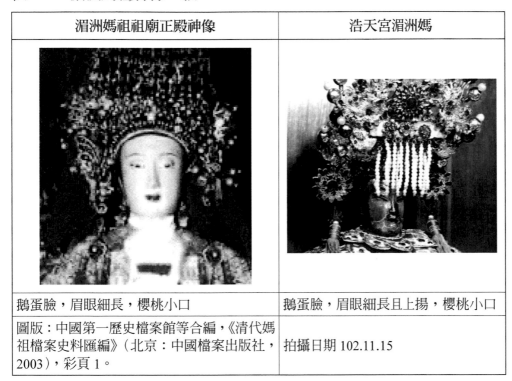	
鵝蛋臉，眉眼細長，櫻桃小口	鵝蛋臉，眉眼細長且上揚，櫻桃小口
圖版：中國第一歷史檔案館等合編，《清代媽祖檔案史料匯編》（北京：中國檔案出版社，2003），彩頁1。	拍攝日期102.11.15

（六）軟身註生娘娘神像

　　註生娘娘神像高65公分，為軟身坐姿神像，神像為粉面，漆色猶新，近期應重修過。同為軟身神像的註生娘娘，社頭清水巖寺的註生娘娘圈椅有年款「嘉慶辛酉年立」，臺中萬春宮的註生娘娘雖無年款，但應是道光年所做。浩天宮註生娘娘以臉型、五官來看，五官刻劃淺，嘴巴小，耳垂大，偏向清代風格，雙手手腕有活動關節，手指細長寫實，和社頭清水巖寺、臺中萬春宮的註生娘娘應同屬清中晚期製作。

表 4-8　註生娘娘三款細部比較

	社頭清水巖寺	梧棲浩天宮	臺中萬春宮
臉型五官			
手			
年款	嘉慶辛酉年立 嘉慶 6 年（1801）	無	無
圖版	李建緯主持，《第二期彰化縣古蹟中既存古物登錄文化資產保存計畫》，頁 205。	拍攝日期 102.11.15	拍攝日期 101.5.14

第二節　日治時代文物

在浩天宮調查所得 22 件文物中，確定爲日治的文物有 4 件，均爲匾額。在沒有年款的文物部分，依風格類型判斷，有 3 件推測爲日治時代文物，包括 1 尊神像，2 件香爐。

一、日治明治～大正

在已確定年款的文物中，明治年款的沒有，但有 1 方明治年重修的「澤被海邦」匾，屬於大正年製作的僅有 1 方「功同天地」匾。

匾額爲一整片木板製成，中行爲陽刻粗楷字「功同天地」，文字以小釘釘在匾面。上款「大正庚申年梅月穀旦」，即大正 9 年 4 月（1920），下款爲「梧

棲港區長林嘉與敬立」。該年正逢臺灣行政區域調整，梧棲從臺中廳沙轆支廳梧棲港區調整為臺中州大甲郡梧棲街，林嘉與當時擔任梧棲港區街長，為梧棲港區大家長，在此時獻匾給浩天宮頌讚媽祖恩澤，可見此時的浩天宮在地方上地位崇高，是大庄居民的鄉土守護神。

　　林嘉與明治 38 年擔任梧棲港區街庄長，對地方事務非常熱心，同為主祀媽祖的梧棲朝元宮，有一方「功同覆載」匾額，亦是林嘉與所贈。該匾上款為「明治戊申年孟秋穀旦」，即明治 41 年 7 月（1908），下款為「梧棲港區街長林嘉與敬立」，一整片木板製成。兩方匾額相差 12 年，同為林嘉與獻立，書法字體相同，製作工藝亦相似，匾上也同樣留有林嘉與之鈐印，匾辭均為頌讚媽祖功德之辭，但下款林嘉與的頭銜不同，明治年款的為「梧棲港區街長」；大正年款的為「梧棲港區長」。

表 4-9　林嘉與贈匾二方

所在地	圖　　片	中行	上款	下款	製作工藝
朝元宮		功同覆載	明治戊申年孟秋穀旦	梧棲港區街長林嘉與敬立	整片木板、陽刻字體
浩天宮		功同天地	大正庚申年梅月穀旦	梧棲港區長林嘉與敬立	整片木板、陽刻字體

　　「功同天地」匾因長年蒙受油灰燻染，已見不到中行字的原色，比對朝元宮之「功同覆載」匾，推測「功同天地」匾原本應是金色字體。

二、日治昭和

　　浩天宮於昭和 3 年（1928）時，由楊廷輝、楊子培募款重修，前後歷時 8 年，所有工事於昭和 11 年（1936）才完成，是目前浩天宮最重要的整修工程。該年所留下的文物共有 3 件，均為匾額，分別是「聖德昭宏」匾、「聖德配天」匾、「護國保民」匾。

依照中行匾辭來看，「聖德昭宏」、「聖德配天」、「護國保民」同為頌讚箴言，均是歌頌媽祖恩德之辭。昭和 3 年浩天宮的重修工程，以正殿及三川殿的木作和石雕為主，當時為三開間二進式建築，如今浩天宮的三川殿及正殿，皆為昭和 3 年重修所建。這三方匾額即為當時重修完工後，由信徒及重修委員敬獻。

表 4-10　浩天宮昭和 3 年款匾額

文物	圖　　片	上款	下款	製作工藝
「聖德昭宏」匾		昭和戊辰年仲冬穀立	龍井庄海埔厝弟子紀應懷、紀應琛全敬立、黃嘯鼇敬書	整片木板、描邊陽刻字體
「聖德配天」匾		昭和戊辰年穀旦	改築委員楊星遠立	整片木板、陽刻字體
「護國保民」匾		昭和三年陽月穀旦	清水街弟子楊金參　朝枝	整片木板、描邊陽刻字體

三方匾額製做工藝相同，均為整片木板刻製，中行字筆法帶有書法線條，「聖德昭宏」四字出自梧棲耆老黃嘯鼇（黃海泉）之手，筆勢流暢豪邁，為傑出之書法藝術。

三、疑似日治

在沒有年款的文物中，有 3 件推測為日治時代，分別是刈火爐、金閣寺鑿刻紋銅爐、二媽神像。

（一）刈火爐

香爐為陶製，無年款，內附一隔熱鐵爐，外觀呈黑褐色，素面無紋飾。據廟方常務委員楊德表示，這個香爐是早期一位不知名的委員手製，做為前

往北港進香時的刈火香爐，以時間推算，應是日治昭和時代文物。而梧棲鴨母寮永天宮亦有一件相同的香爐，據永天宮廟方管理人員表示，此香火爐年代早於昭和 9 年（1934）。永天宮也有北港進香活動，約 3～5 年舉辦一次，是與大庄浩天宮進香團會合後，再一同前往北港，永天宮在昭和 11 年到民國 38 年（1936～1949）的 13 年間，因中部的墩仔腳大地震與二次戰爭，造成信徒經濟困難而停辦。〔註28〕

表4-11　浩天宮與永天宮刈火爐

	浩天宮刈火爐	永天宮刈火爐
正面圖片		
尺寸	器口直徑寬 25，高 16 公分	器口直徑寬 15，高 15 公分
拍攝日期	102.10.15	102.8.8

　　綜合浩天宮與永天宮廟方人員所述，推測這兩個相似的刈火爐，為兩個宮廟在日治昭和年間，相約共同前往北港進香時，因刈火所需，委由工匠（同時擔任廟方委員）製作。當時製作兩個，分別交給兩個宮廟使用。從刈火爐器表及器底來看，均有粗糙不平狀，顯示並未經過修坯，應是手工製作，符合浩天宮常務委員口述。

　　陶製刈火爐是專為北港進香所用，對浩天宮具有重要的文化意義，進香活動是聯繫各宮廟的紐帶，也意味著對祖廟之尊崇。浩天宮的進香活動分兩部分，第一部分是回祖廟刈火浩天宮進香團先直達北港，蓬萊媽神像則被奉請到蔡培東家中，如同嫁出女兒回娘家探親，晚間則在朝天宮進行刈火儀式，用刈火爐掬取祖廟香火，象徵生生不息。第二部分則是分享香火，返程途中先是到彰化大村的大庄慈雲寺做客，才返回臺中，最後繞境五十三庄，讓其他宮廟分享祖廟香火，也凝聚了共同的信仰，浩天宮的刈火爐扮演了香火傳

〔註28〕王立任等撰文，《鴨母寮永天宮導覽手冊》（臺中縣梧棲鎮：臺中縣梧棲鎮藝文協會，2009.07），頁 48。

承的文化意義。

（二）金閣寺鏨刻紋銅爐

「鏨刻」又稱鑿刻或鑿花，有兩種方式，一種是直接以鋒利的刻刀在器表上加工，將金屬去除，另一種是利用衝頭與榔頭，用榔頭敲擊衝頭，使衝頭尖端在器表留下戳印。〔註29〕鏨刻常用來作爲細部加工，運用在鑄造金銀器物的表面刻劃上，可做細部刻描，浩天宮的鏨刻紋銅爐刻了金閣寺圖紋，是浩天宮中目前所見唯一的銅爐，以失蠟法製成。圖紋以山水筆法構圖，線條簡潔有力，風格頗具禪意，具有藝術價值。金閣寺位於日本京都，正式名稱爲鹿苑寺，因寺內的舍利殿外牆，全部以金箔裝飾，所以被稱爲「金閣寺」，是一座歷史久遠的古刹。銅製鏨刻圖紋的香爐，常見於日治晚期到光復後初期，受日本文化影響，當時的金銀器鏨刻的圖紋，多帶有唐風及禪意，實則爲日本文化深受中國唐朝影響所致。〔註30〕

表 4-12　日治風格鏨刻紋銅爐三款

梧棲浩天宮	臺中萬春宮	臺中萬春宮
無年款	年款：中華民國參七年端月敬獻	年款：民國參拾柒年
爐口內徑寬 35，高 23 公分	爐口寬 40，高 21.5 公分	爐口寬 32，高 27 公分
拍攝日期 102.10.15	拍攝日期 101.05.14	拍攝日期 101.05.14

金閣寺鏨刻紋銅爐器腹最寬 52 公分，此香爐在工藝技術及圖紋風格方面，皆呈現日本風格，而浩天宮在昭和 3 年大整修，於昭和 11 年完工，香爐可能爲當時所添置。銅爐沒有年款，但應是昭和時期製作，依銅爐圖紋以金

〔註29〕李建緯，〈成器之道──中國先秦至漢代對黃金的認識與工藝技術研究〉，《美術學報》，4（臺北，2011.09），頁 1～52。

〔註30〕蔡芯圩，〈日本金銀器裝飾淺說〉，《書畫藝術學刊》，6（臺北，2009.06），頁 421～440。

閣寺爲主題推測，可能爲日本所製。浩天宮在昭和 3 年（1928）重修，昭和
11 年（1936）完成所有工程，香爐可能在當時添置，但也可能更晚到光復初
期，才從日本帶回宮廟使用。

（三）二媽神像

　　浩天宮大媽即爲鎮殿媽，是泥塑金身神像，爲浩天宮內最大一尊神像，
臉型飽滿、黑面，雙手持圭，因尺寸巨大，不利移動，且不宜做細部拍攝，
故未做登錄【圖4-3】。但在《寺廟臺帳》中卻記錄，「從祀：大媽（木像）」，
若是依此記錄，浩天宮當時的大媽神像爲木製。據廟方人員表示，現在的鎮
殿媽早期曾因蛀蝕，找人來整理過，可能因此重新裝塑成泥塑金身，但不能
確定時間。〔註31〕現在所見鎮殿媽，五官立體，刻劃線條鮮明，臉上髹漆猶
新，應是近現代所塑。

圖4-3　浩天宮鎮殿媽　　　　圖4-4　浩天宮二媽

　　二媽神像高 62 公分，前往北港進香時會隨行，黑面地閣圓滿【圖4-4】，
神像雙手均塗黑色漆，神像右手持笏，左手握腰帶，腰帶樣式爲明朝玉帶。
有一對耳環，但穿戴於冕冠垂帶上，可能因耳垂貼頰耳洞不明顯，所以將耳
環誤戴。神像的髮髻，亦是媽祖神像所梳的三片髮片「媽祖頭」。神像以一
整塊木料一體成形，尺寸高於二尺，應爲日治時期常用尺寸。再以臉型來看，
五官刻劃略深，鼻子及下巴略顯立體、有稜角，風格介於清末到日治之間，

〔註31〕浩天宮工作人員李仁弘口述。訪問人：林郁瑜，受訪人：李仁弘。時間
　　　　103.11.27，下午3：40。

而左手握腰帶的坐姿，風格亦偏向日治時代。在《寺廟臺帳》中，從祀神中已記錄有二媽神像，證明二媽神像在明治末期便在宮廟中，推測二媽神像屬於清領末期或日治初期作品。

表 4-13　浩天宮二媽細部

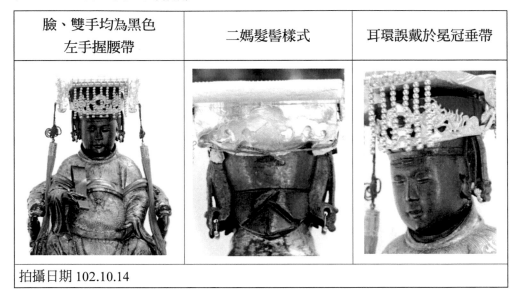

臉、雙手均為黑色 左手握腰帶	二媽髮髻樣式	耳環誤戴於冕冠垂帶

拍攝日期 102.10.14

第三節　民國時期與其他文物

　　在浩天宮調查登錄 22 件文物中，有 2 件確定為民國時期的文物，分別是「神昭海表」匾，及蓬萊媽神像；在沒有年款的文物中，有 1 尊北港四媽神像，依風格類型判斷，應屬於日治末期或光復初期文物。

一、民國時期

（一）「神昭海表」匾

　　「神昭海表」匾為雍正皇帝御匾，在《天妃顯聖錄‧曆朝褒封致祭詔誥》中記錄，雍正 4 年（1726）正月時福建水師提督藍廷珍，以康熙 60 年（1721）朱一貴之亂，清廷能順利克復臺灣，皆叨神顯助，故奏請皇帝題請匾聯，要求「仰懇我皇上特布殊恩，賜給匾額聯章，俾臣製造懸掛湄洲、臺、廈三處廟宇。」於是在雍正 4 年 5 月 11 日，內閣交出天妃神祠匾額御書「神昭海表」四字，並知照水師提督敬謹製造懸掛，同年年底藍廷珍再向皇帝呈〈謝

恩疏文〉，奏報已將「神昭海表」匾額製成，並已擇吉日，分別懸掛於三處天妃神祠。〔註32〕當時只做了三方匾額，廈門、湄洲各有一方，御賜臺灣的「神昭海表」匾則懸掛在臺南大天后宮。依常理判斷，臺南大天后宮的「神昭海表」匾是獨一無二的，但擁有御賜「神昭海表」匾的臺灣媽祖廟卻不只一處。道光年周璽的《彰化縣志》中記錄，位於鹿港北頭的天上聖母廟，建於乾隆初年，也有御賜「神昭海表」匾額。〔註33〕光緒年倪贊元的《雲林縣采訪冊‧大槺榔東堡》記錄了「神昭海表」匾，「在天后宮，嘉慶間御賜」，並指出此天后宮位於北港街中，建於雍正庚戌年（雍正8年，1730）。〔註34〕

　　僅從清代方志記錄來看，擁有「神昭海表」御匾的就有臺南大天后宮、鹿港舊祖宮及北港朝天宮三處。〔註35〕臺南大天后宮的「神昭海表」匾，已於嘉慶23年（1818）因大火焚毀，目前所見匾額，從邊框、匾額製作與書法風格判斷，應屬現代製品。鹿港舊祖宮的「神昭海表」匾，字體與匾額工藝皆具清代風格，中堂有御璽鈐印，本有上下款，但已脫落，可見應為仿製御匾形式之作，雖是仿製，但確為清代古匾。北港朝天宮的「神昭海表」匾，中堂有「御筆」二字，不符合清代皇帝御賜匾額的書寫傳統，但以工藝與年代判斷，並非現代製作，亦是清代之匾額。〔註36〕

　　浩天宮的「神昭海表」匾上款寫有：「中華民國乙巳年恭摹雍正帝御賜本宮之匾額」，下款為「北港朝天宮管理委員會」，中堂有「御筆」二字，為一整片木板製成。從上、下款可知，這方匾額於民國54年（1965）由北港朝天宮所贈，係臨摹自雍正帝之御筆，因此與朝天宮之「神昭海表」匾，在形式、字體均相同。然依《雲林縣采訪冊》的記錄，朝天宮的「神昭海表」應是在嘉慶年御賜的仿御匾，故匾額書寫形制不符正規的御匾體例，中行的「神昭

〔註32〕 不著撰人，《天妃顯聖錄》，（南投：臺灣省文獻委員會，1996），頁14～17。藍廷珍奏請皇帝題請匾聯之事，均僅見於《天妃顯聖錄》，在宮中檔及硃批諭旨中均未得見。見石萬壽，《臺灣的媽祖信仰》（臺北市：臺原出版社，2000），頁93註釋9。

〔註33〕 〔清〕周璽，《彰化縣志》，頁154。

〔註34〕 〔清〕倪贊元，《雲林縣采訪冊》（臺北市：臺灣銀行經濟研究室，1959），頁49～50。

〔註35〕 嘉慶年間，臺灣各地廟宇被准許仿刻「神昭海表」匾，因此鹿港舊祖宮及北港朝天宮都擁有「神昭海表」之仿製御匾。詳參陳仕賢，《臺灣的媽祖廟》（臺北縣新店市：遠足文化，2006），頁45。

〔註36〕 李建緯，〈臺灣媽祖廟現存「御匾」研究：兼論其所反映的集體記憶與政治神話〉，待刊稿。

海表」四字匾辭，在書法字體上亦十分神似，與鹿港舊祖宮之字體線條則略有差異。

表 4-14　四方「神昭海表」匾

所　在　地	匾　額　照　片	說　明
臺南大天后宮		中堂有御璽鈐印，無上下款 圖版：李建緯提供
鹿港舊祖宮		中堂有御璽鈐印，上下款已脫落 圖版：李建緯提供
北港朝天宮		無上下款，中堂有「御筆」二字 圖版：李建緯提供
梧棲浩天宮		中堂有「御筆」二字，上款為「中華民國乙巳年恭摹」，下款為「北港朝天宮管理委員會」

（二）蓬萊媽神像

　　蓬萊媽神像為黑面，臉型較長，雙手亦為黑色，左手持笏，右手則靠於扶手。蓬萊媽會隨行前往北港進香，有 59 公分高，梳媽祖頭，但下方垂髻較短。蓬萊媽神像之椅背陰刻有年款，「民國四五年端月初三日」，以及致贈人「北港鎮蔡培東率男惟嶽　德　全敬獻」，因神像請自蓬萊道場，故稱蓬萊媽。每回北港進香時，蓬萊媽都會到蔡培東家做客，形同回娘家。

　　蔡培東本名蔡川，字培東，與浩天宮交誼深厚，昭和3年（1928）浩天宮進行重修工程時，特別捐造了三川殿兩側「龍虎對看堵」的石雕【圖4-5】。龍壁留有「□□三年戊辰陽月吉旦」及「臺南州北港街蔡培東敬獻」，原本石壁上的年款應是「昭和」，但已被刻意抹去，虎壁亦留有蔡培東名款。蔡川生於光緒4年（1879），因經商致富，曾任北港朝天宮董事。明治43年（1910）朝天宮重修時，蔡川具名向北港支廳申請重修基金，〔註37〕當時由北港支廳所發的證明書，至今仍保存在朝天宮。蔡培東自大正10年（1921）起，連續擔任北港朝天宮管理委員會第一屆至第十屆的會計委員，直到民國38年6月（1949）才卸任，〔註38〕為朝天宮貢獻良多。

圖4-5　浩天宮「龍虎對看堵」

圖版：李仁弘拍攝（拍攝日期103.11.27）

（三）北港四媽神像

　　北港四媽神像造型與蓬萊媽神像相似，均為黑面，臉型較長，雙手亦為黑色，左手持笏，右手則靠於扶手，同樣梳下方垂髻較短的媽祖頭，身上衣袍亦為漆線，但未做安金。北港四媽也會前往北港進香，有雙層底座，其尺寸略小於蓬萊媽，含大底座高51公分。大椅底座有陰刻字「朝勝」，小椅椅

〔註37〕林永村、林志浩，《笨港：一個古老港口的歷史與文化》（北港鎮：笨港文化事業有限公司，1995），頁124。
〔註38〕蔡相煇編著，《北港朝天宮志》（北港鎮：財團法人北港朝天宮董事會，1995），頁257～263、282-1。

背處有陰刻字「朝勝媽」，下方有白色漆字「北港朝天宮」及「朝勝」字樣。
這尊神像沒有年款，但據廟方表示，某年要前往北港進香時，乩童起乩指示
北港朝天宮四媽要前來浩天宮，於是北港朝天宮刻贈了這尊神像，因此稱爲
北港四媽，但不記得是何年。椅背刻的「朝勝媽」亦不明其義，原本神像只
有一層底座，大底座是後來增加的。

　　以神像造型風格推測，北港四媽神像年代應和蓬萊媽神像差不多，應同
屬民國時期作品。

表4-15　浩天宮蓬萊媽與北港四媽細部比較

	臉型細長	左手懸空	垂髻較短
蓬萊媽			
北港四媽			
拍攝日期	102.11.15		

　　臺灣的媽祖神像常見有金面、粉面和黑面三類，一般咸信金面媽祖是媽
祖昇天成神的形貌，反映出天后之尊的神格，如臺南大天后宮與鹿港新祖宮
的鎮殿媽神像。粉面媽祖則呈現慈母的樣貌，黑面媽祖則因長年接受信徒香
火燻黑所致，民間相信黑面媽祖的靈力最強，俗稱「黑面媽」。黑面媽信仰主
要來自泉州崇武的「三媽」，所以通稱爲「黑面三媽」，近代新雕造的媽祖神
像也有直接採用黑面造型製作。﹝註39﹞浩天宮媽祖神像中，四媽及五媽現在
爲黑面，但原本應是粉面，在後方頸項及衣領處仍可看到粉色，雙手也是粉
色，臉上黑色似是後來髹漆才上黑色的。其他二媽、三媽、蓬萊媽、北港四

﹝註39﹞謝宗榮，〈媽祖的神格及其造像藝術〉，頁52～59。

媽神像均為黑色臉孔、黑色雙手，應是雕造時便是黑面造型，與北港朝天宮相同，和日治《寺廟臺帳》、民國 48 年（1959）《臺灣省宗教調查書·臺中縣（二）》所記錄的，浩天宮係「北港媽祖分香」相符。而從北港朝天宮刻贈北港四媽神像、「神昭海表」匾額來看，浩天宮與北港朝天宮的交誼頗深，每二年舉辦的北港進香刈火活動，更加印證浩天宮視朝天宮為祖廟的事實。

二、其　他

（一）千里眼及順風耳神像

浩天宮主祀媽祖，媽祖的挾祀神為千里眼及順風耳，昭和 4 年 5 月 5 日（1929）《臺灣日日新報》報導一則新聞：「改築將新之沙鹿三山國王廟，……三尊王爺神像……建宜重修，……付中華名匠陳發森著手。又大庄浩天宮，亦議新塑二尊立型大體之千里眼順風耳，仍付與陳氏兄弟包辦工事云。」〔註40〕但現今所見之千里眼、順風耳並非昭和 4 年由陳發森兄弟所做神像，而是民國 72 年（1983）由清水匠師所製。當時兩尊神像為泥塑金身，現在收藏於臺南的國立臺灣歷史博物館中，高約 207 公分，神像面容生動，衣飾線條流暢，表現出自然飄動神采，藝術性很高。〔註41〕

圖 4-6　國立臺灣歷史博物館館藏之浩天宮千里眼及順風耳神像

圖版：張淑卿等作，《看見臺灣歷史：國立臺灣歷史博物館館藏綜覽圖錄》，
　　　頁 114～115。

〔註40〕〈塑神二則〉，《臺灣日日新報》（臺灣），1929 年 5 月 5 日（四）。
〔註41〕張淑卿等作，《看見臺灣歷史：國立臺灣歷史博物館館藏綜覽圖錄》（臺南：國立臺灣歷史博物館，2013），頁 114～115。

（二）蓮座與祿位牌

　　浩天宮後殿供奉了兩座牌位，一個是「歷代開山禪師紀氏之蓮座」，另一個是「本廟歷屆有功居士之祿位」，因不宜移動，故未作登錄。

　　依外觀判斷，「歷代開山禪師紀氏之蓮座」樣式應為清代，浩天宮之首任住持應為紀姓僧侶。《寺廟臺帳》中關於浩天宮的住職僧道一欄記錄著「住職　紀地（僧侶）、顧廟　紀自珍（僧侶）」，但（僧侶）旁又寫有（俗人）二字。可知明治末年時，浩天宮是由僧侶管理。臺灣媽祖廟早期多有僧人管理，在蔣毓英的《臺灣府志》中記錄天妃宮（臺南大天后宮）「後有禪室，付住持僧奉祀。」〔註42〕倪贊元的《雲林采訪冊》中也記錄北港朝天宮「宮內住持僧人供奉香火。」〔註43〕其他如鹿耳門媽祖宮、基隆慶安宮、北投關渡宮、淡水福佑宮、新港奉天宮等媽祖廟，早期也都有僧侶住持管理，是清代媽祖廟普遍現象，〔註44〕寺廟中也都設有蓮座牌位。而臺南大天后宮、北港朝天宮、新莊慈祐宮的僧侶蓮座牌位上都寫明，僧侶出自「臨濟宗」。臨濟宗出自禪宗，明清之際開始到福建傳法，逐漸將臨濟禪廣布於福建各處，福建許多佛寺的主持都出自臨濟宗。清代實施受命皇室的僧官制度，清廷有任命僧官來臺就任宮廟住持的慣例，媽祖宮中的住持僧侶原是由官方從福建派任，派來的僧侶多為臨濟宗，臺灣早期媽祖廟也因此多為臨濟宗僧侶住持管理。〔註45〕從浩天宮中的蓮座牌位可知，浩天宮之開山禪師為紀姓僧侶，應該也出自臨濟宗，但不確定是否來自福建。

　　另一座「本廟歷屆有功居士之祿位」，依外觀樣式判斷，字體帶有清末、日治初之風格，座臺及外圍的鏤雕鑿花樣式，風格亦介於清末到日治初，但近期似有重新髹漆。「本廟歷屆有功居士之祿位」是紀念對浩天宮有特殊貢獻之人，但不限定為廟方管理人，可能是地方仕紳、信徒，曾經捐獻土地、金錢給浩天宮，幫助浩天宮發展之人。

　　這兩座牌位關係浩天宮沿革史、發展史，是浩天宮最重要的文物，如能進一步研究，應可釐清浩天宮之建廟史。

〔註42〕〔清〕蔣毓英，《臺灣府志》，頁219。
〔註43〕〔清〕倪贊元，《雲林縣采訪冊》，頁49。
〔註44〕王見川、李世偉，《臺灣媽祖廟閱覽》，（臺北縣：博揚文化，2000），頁30、34、68、77、91、157。
〔註45〕陳清香，〈從清代僧官制度看台灣媽祖宮的僧侶住持〉，《臺灣文獻》，59：1（南投，2008.03），頁49～80。

圖 4-7　浩天宮之蓮座與祿位牌

圖版：林郁瑜拍攝（拍攝日期 103.11.8）

第四節　小　節

　　從浩天宮的文物調查結果，可以發現，屬於清代的文物有 12 件，日治時期文物有 7 件，民國時期文物有 3 件，總計 22 件。

　　22 件文物中，共有 9 尊神像，以媽祖神像最多，製作工藝出自泉州派，共有 7 尊，且以黑面最多，鎮殿媽也是黑面。浩天宮的供器共登錄有 3 件香爐，分別為青瓷爐、陶爐、銅爐，年代最早為光緒年，另兩件應都是日治時期文物。浩天宮的匾額部分，共登錄 7 方，在匾額製作工藝方面，除「德保生民」匾為拼接木板外，其餘全是以一整片木板製成。另外還有 3 座清代石碑。

　　透過文物的考證與分析可確定，浩天宮在清代建立的時間應不晚於道光年，道光年的梧棲是鄉土發展史的黃金期，梧棲許多廟宇皆於此時建立。黃海泉在〈梧棲沿革誌〉中曾提到梧棲的商貿經濟發展，先是以漁業為主，而後發展出頂橫街，再發展出下街，也就是今天的梧棲路，又說：「當時人口僅四百左右，咸以捕魚為生。自闢街以後商舖始設，對岸閩屬晉惠廈門等埠相

距兩百海里，舟楫往還甚便，自清道光十二年壬寅起商舶日臻，商場日繁，遂成爲中部第一大商津。」〔註46〕換言之，梧棲居民最早是以捕魚爲生，因地利之便，與福建沿海港口往來頻繁，轉型爲以商貿爲生，從此日漸繁榮，到道光 12 年（1832）成爲中部第一大港。由此可知，梧棲直到道光 12 年以後，才發展成商業城鎮，港口的利益帶動了地方的繁榮，經濟繁榮使得地方財富增加，居民才有餘裕建立廟宇。〔註47〕因此，梧棲許多廟宇建立時間多在道光末期。

據《寺廟臺帳》梧棲街十五座廟宇記錄，建立年代在道光年的有達尊宮（道光 29 年，1849）、感化宮（道光 26 年，1846）、達天宮（道光 27 年，1847）、萬興宮（道光 29 年，1849）、眞武宮（道光 26 年，1846）、福德祠（道光 28 年，1848）等六座宮廟【參表 2-4】。六座宮廟中除了達尊宮和福德祠位置不明外，其他四座宮廟所在位置均爲濱海里區，說明此時沿海區確實因港口的利益而繁榮，住民因經濟能力好轉，而集資建廟。且六座宮廟的建廟年代均在道光 26 年之後，因寺廟數目與開發程度是呈正比的，〔註48〕梧棲寺廟數目在短時間內快速增加，顯示梧棲的開發在這段時間是發展最快速的。而梧棲的大庄原本是農業區，在道光年的兩座石碑碑文中，可以看到當時大庄的居民爭相佔墾築田求發展的情景，光緒年的石碑碑文則可想見當時大片農田，水圳縱橫交錯之光景。梧棲大庄在道光年時開始快速發展，光緒年應該更爲繁榮。梧棲因港口而興盛，推測較靠內陸屬於農業區的大庄居民，有能力興建廟宇的時間，應該也在道光年。

《寺廟臺帳》中雖將浩天宮的創立年代記錄爲雍正元年（1723），但依梧棲開發史來說，此時漢人聚落尚未出現，應該還沒有廟宇。《寺廟臺帳》又記錄浩天宮於乾隆 56 年（1791）進行改築，當時梧棲已出現鴨母寮庄、八張犁庄、詔安厝、南簡庄、八亭後、火燒橋坪等聚落，而陳厝庄則在嘉慶初出現【見表 2-6】，大庄尚屬開發初期，如果此時出現廟宇建築，規模應該不大。應該直到道光 20 年（1840），由陳厝庄蔡仁芳與大社楊正義兩人發起的整建，才將廟宇修建成較大規模。其後，再因梧棲經濟步入黃金發展期，咸豐 6 年（1856）時，浩天宮已具備基本管理組織，再度籌資改建，成爲巍

〔註46〕 黃海泉，〈梧棲沿革誌〉，頁 201～205。
〔註47〕 林玉茹，《清代臺灣港口的空間結構》，頁 83。
〔註48〕 林勝俊，《臺灣寺廟的職權與功能之研究》（臺北市：文史哲出版社，1988），頁 2。

峨廟宇。

　　關於咸豐 6 年（1856）浩天宮遷建說，《寺廟臺帳》記錄中曾有「現永在地」字句，在明治 30 年（1898）的《臺灣總督府公文類纂宗教史料彙編》中，記錄浩天宮建立年代為咸豐 6 年（1856），雖未註記為新建或遷建，但位址已在大庄。只是從文物調查結果看來，咸豐 6 年（1856）浩天宮的遷建，並沒有文物可資佐證。一般寺廟在經過重建時均會勒碑紀念，將寺廟沿革、重建過程以文字記錄，有時也會將出力捐資的善士芳名記錄清楚，是寺廟歷史的重要依據。但浩天宮在遷建到大庄新址後，卻無記錄此事的沿革碑或重建碑，反而在舊址的〈東天宮沿革誌〉提到了浩天宮的遷建過程，只是在〈東天宮沿革誌〉中也沒有寫出遷建時間。再以浩天宮文物考證分析來看，浩天宮中文物雖然擁有不少清代文物，年代也早在道光年，但卻沒有屬於咸豐年的文物。或許浩天宮在道光 20 年（1840）的整建時，便已在現址，只是當時規模尚小，也尚未具備基本管理組織，經過十六年的經營，於咸豐 6 年（1856）原址重修，擴大了廟宇規模。因此，浩天宮中只有道光年款的「澤被海邦」匾，沒有咸豐年款的文物。

　　浩天宮自咸豐 6 年（1856）定址大庄後，在地方上的地位日漸提高，光緒 20 年（1894）時，已成為地方公廟，肩負協助官府推廣公告之責，當時出身「楊合順」船務行的楊瑤卿出資修建了三川殿，足見浩天宮對鄉土的重要性。日治後的浩天宮，已成為五十三庄信徒共有的媽祖信仰中心，從媒體報導中可知，浩天宮已成為大肚中保能見度很高的宮廟，也是當地最受信賴的神明。昭和 8 年（1933）臺灣中部大旱，許多農作物無法生長，地方請求大庄媽祈雨，在 6 月 11 日《臺灣日日新報》報導「既報大甲郡梧棲大庄浩天宮媽祖，祈雨得雨事，至去八日，梧棲街庄聯合，各具陣頭鼓樂……集合在永寧公學校整頓隊伍出發……」〔註 49〕在梧棲繞境祈雨，證明大庄媽在信徒心中是最崇敬的鄉土守護神。

　　雖然可查的文獻中，浩天宮的建立年代最早時間為雍正元年，也有乾隆 3 年建廟的說法，但以文物調查結果分析，雍正元年或乾隆 3 年建廟的可能性並不大。可查文獻中記錄之建立於嘉慶 11 年（1806）的天上聖母木像，這次調查中並未見到，實為可惜，否則應能提供更多關於浩天宮的沿革史。

〔註 49〕　〈梧棲浩天宮媽祖求雨得雨繞境盛況〉，《臺灣日日新報》（臺灣），1933 年 6 月 11 日（四）。

第五章　結　論

　　漢人渡海時經常隨身攜帶神像或香火袋，以求神靈庇佑平安，來臺落戶後，便將神像或香火袋與祖先一同供奉。待拓墾有成，逐漸形成聚落，為答謝神靈聖恩，便建廟奉祀，此時的廟可能只是草寮，寺廟的功能較單一，單純是提供移民心靈寄託的宗教功能。待經濟能力好轉後，或神明有了神蹟，便由村莊集資建廟，而隨著社會功能的進步，廟的功能也會逐步增加，並隨著地方的穩定發展而成為多功能的公廟。所以寺廟的沿革與發展過程，也就是聚落村庄的發展史，村庄與村庄公廟有密切關係，村庄的組織內容等同於村廟的組織內容。〔註1〕

　　臺灣民間信仰的變遷，依移民社會的發展可分為三期；第一期是部落草創期，此時的移民生活有宗教的迫切感，但只能依賴自己由原鄉攜來的香火。第二期為部落構成期，此時的社會以農民為主，農民仰賴土地生活，因此首先建立土地公廟，待生活穩定後，又奉祀其他神明。如有某人攜帶的香火、神像特別靈驗，或屢傳神蹟，居民便會為神像建廟膜拜，此時的廟極為簡樸粗糙，堪稱寺廟草創期。第三期為新社會成立期，此時的社會已具有一定的社會組織，具備多元的社會機能，居民也有更好的經濟條件，能建立較大規模的寺廟。〔註2〕

　　就開發史來看，梧棲地區在乾隆時便已出現漢人聚落。位於梧棲南部的鴨母寮莊於乾隆11年（1746）出現在民間契約書，乾隆中葉再出現八張犁、詔安厝、南簡庄，嘉慶年出現火燒橋、陳厝庄，道光年開始出現大庄、海墘

〔註1〕戴炎輝，《清代臺灣之鄉治》，頁178。
〔註2〕增田福太郎原著，黃有興中譯，《臺灣宗教信仰》，頁102～108。

厝、竹圍內，道光中才出現頂寮、下魚寮等地名。依開發順序來說，南部的永寧、永安里最早，北部的南簡里與南部時間相當，中部的大庄里稍晚，濱海的頂寮里、草湳里最遲。最初來到梧棲的漢人向沙轆社番贌租土地，或從事漁業或做爲農耕，在道光 10 年（1830）前後，梧棲土地開發已近飽和，又因港口之利轉型爲商貿城鎮，社會組織逐漸完備。道光 15 年（1835）起，梧棲逐漸取代水裡港的地位，水裡港汛也移駐於梧棲，成爲對岸商船來往頻繁的港口，雖在軍事、政治配置上仍爲鹿港從屬，但商貿自主性很高。〔註3〕道光 25 年（1845）梧棲正式開港，爲梧棲帶來更大的發展，逐漸從地方性的轉運港口提升爲地區性的中心港口，村庄組織也在此時期發展成熟，開始籌建村庄公廟，因此，梧棲地方上重要的廟宇均在此期間成立。

梧棲浩天宮爲大庄重要的公廟，而梧棲大庄應在道光年開始形成聚落，從道光 11 年（1831）的「嚴禁佔墾西勢牧埔」碑，及道光 12 年（1832）「嚴禁恃強佔墾西勢牧埔」碑中，可以看到南簡庄、陳厝庄、火燒橋、海墘厝、大庄等聚落，碑文也反映當時的大庄是民番雜處、爭相築田之處。但不能確定這兩座石碑在道光 11 年的立碑之處，若立碑處確在浩天宮，則可證實浩天宮早於道光 11 年即建立的事實。但若是浩天宮確實在道光 11 年已建立，且成爲政府公告的推廣處，必已是地方上知名的寺廟，曾作霖在道光 10 年（1830）參與纂修《彰化縣志》時，便不能不記錄。〈道光 26 年署臺灣北路理番駐鎮鹿港總捕分府爲示諭交納事〉明載，從道光 12 年後，梧棲港口日漸繁榮，說明梧棲的社會機能發展正走向多元，因此，浩天宮建立於道光年是比較合理的推測。

再以文物調查結果來看，大庄浩天宮的開基媽爲三媽，傳說是客家人的船頭媽，原本供奉在浩天宮舊址的東天宮。東天宮原是蔡氏宗祠復德堂，在〈東天宮沿革誌〉中說明，「東天宮原址本是客籍之地」，後由泉籍晉江人士蔡氏家族購得此地，才將客籍人士供奉之天上聖母遷移到大庄現址。可見最初的媽祖神像是供奉在客籍人士家中，而〈乾隆 49 年吳日燦立空地相換契約〉可證明，客籍人士確實曾落戶於梧棲。當時神像可能與祖先牌位一起供奉在公媽廳，由私家奉祀，待移民新社會建立後，才成爲村廟。道光 27 年款（1847）的「澤被海邦」匾，則可證明浩天宮確實在道光年即已存在，但當時廟宇規模應該不大，所以只有一件匾額。同治年款的「德保生民」匾，

〔註3〕林玉茹，《清代臺灣港口的空間結構》，頁 250。

則證實了同治年間的梧棲，確實是一個機能完整的港口。光緒 5 年（1879）款的「筒形磬足光緒款青瓷香爐」，可能是浩天宮迎請新神像所用，此時的浩天宮應已逐漸成為大庄居民的信仰中心，規模正逐漸擴大。光緒 20 年（1894）的「嚴禁五福圳爭水滋鬧」碑，豎立於浩天宮，同年浩天宮增建了三川殿，寺廟規模更大，成為地方公廟。專為北港進香製作的刈火爐，聯繫了與朝天宮的香火，也凝聚了五十三庄的宗教組織。由北港朝天宮致贈的北港四媽神像及「神昭海表」匾，和蔡培東贈送的蓬萊媽神像，則代表了浩天宮與朝天宮的深厚淵源。昭和 3 年（1928），浩天宮進行大規模改築，因本次改建，浩天宮增加了「聖德昭宏」、「聖德配天」及「護國保民」三方匾額，規模更顯宏偉。在信徒分布區域，最早浩天宮以陳厝庄及大庄居民為主，但隨著北港進香刈火活動，帶動了浩天宮信仰範圍的擴大。從清領末期到日治期間，浩天宮奠定在地方上的公廟地位，並將大庄媽信仰擴大到五十三庄，成為不可取代的鄉土守護神。

　　劉枝萬曾將臺灣寺廟發展過程分為四期，第一期為寺廟萌芽期，時間為清初迄乾隆中葉，廟宇簡陋且分布稀疏；第二期為寺廟奠基期，從乾隆中葉到嘉慶年間，此時期因漢人聚落漸多，寺廟也增加，且分布稍密；第三期為寺廟發展期，時間為道光、咸豐期間，此時因移民在地化，村莊亦穩固安定，寺廟增加迅速，崇祀神明益增；第四期為寺廟推廣期，時間在同治、光緒年間，此時漢人村莊已發展成熟，城鎮機能完備，市肆林立，寺廟分布越廣、規模也越大。〔註4〕寺廟的發展和社會的開發是相等的，廟宇的規模也和開發的狀況相符。梧棲地區到乾隆年始出現漢人聚落，嘉慶後才進入開發期，在此之前，廟宇應都屬私廟。道光年土地開發逐漸飽和，咸豐後成為臺灣中部重要港口，具備了完整的城鎮機能，此時期的廟宇已漸從小型擴建為大型，光緒時已有了地方公廟。直到日治時期，梧棲都是臺灣中部最重要的港口，地方重要性高，也讓寺廟能見度增加。

　　綜合前述，從開發史及文物調查的結果可以知道，大庄浩天宮最初為雍正元年，由廣東人士所創的媽祖會，當時屬於草創期，應為私人奉祀之神像，尚無廟宇建築。到了道光 20 年（1840）建立小型廟宇，供大庄居民奉祀，開始朝向公廟發展；咸豐 6 年（1856）具備管理組織，再度擴建；光緒 20 年

〔註4〕劉枝萬，〈清代臺灣之寺廟（一）〉，《臺北文獻》，4（臺北，1963.06），頁101～120。

（1894），增建三川殿，成為地方公廟；明治到大正年間，與北港朝天宮之間
以香火聯繫，擴大了大庄媽的宗教網絡；昭和 3 年（1928）的重修改建，增
加了浩天宮的藝術功能，保留傳統文化建築技藝，成為歷史建築，更增加文
化資產價值。直到今日，浩天宮大庄媽的北港進香，已成為臺灣中部規模最
大的進香活動之一，信徒遍及五十三庄，成為臺灣中部媽祖信仰中心之一

圖 5-1　浩天宮發展示意圖

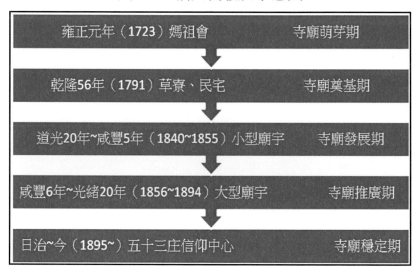

參考文獻

一、古　籍

1. 〔日〕吉田東著，伊能嘉矩編，《臺灣舊地名辭書》，東京：富山房，1909。
2. 〔清〕丁曰健，《治臺必告錄》，南投：臺灣省文獻委員會，1997。
3. 〔清〕不著撰人，《臺灣府輿圖纂要》，南投：臺灣省文獻委員會，1996。
4. 〔清〕余文儀，《續修臺灣府志》，南投：臺灣省文獻委員會，1993。
5. 〔清〕周元文，《重修臺灣府志》，南投：臺灣省文獻委員會，1993。
6. 〔清〕周鍾瑄，《諸羅縣志》，南投：臺灣省文獻委員會，1999。
7. 〔清〕周璽，《彰化縣志》，南投：臺灣省文獻委員會，1993。
8. 〔清〕林豪，《東瀛紀事》，南投：臺灣省文獻委員會，1997。
9. 〔清〕姚瑩，《中復堂選集》，南投：臺灣省文獻委員會，1996。
10. 〔清〕姚瑩，《東槎紀略》，南投：臺灣省文獻委員會，1996。
11. 〔清〕范咸，《重修臺灣府志》，南投：臺灣省文獻委員會，1993。
12. 〔清〕郁永河，合校足本《裨海紀遊》，臺北：臺灣省文獻委員會，1984。
13. 〔清〕倪贊元，《雲林縣采訪冊》，臺北市：臺灣銀行經濟研究室，1959。
14. 〔清〕夏獻綸，《臺灣輿圖》，南投：臺灣省文獻委員會，1996。
15. 〔清〕高拱乾，《臺灣府志》，臺北：臺灣銀行經濟研究室編印，1960。
16. 〔清〕陳盛韶，《問俗錄》，南投：臺灣省文獻委員會，1997。
17. 〔清〕黃叔璥，《臺海使槎錄》，南投：臺灣省文獻委員會，1999。
18. 〔清〕劉良璧，《重修福建臺灣府志》，南投：臺灣省文獻委員會，1993。
19. 〔清〕蔣毓英，《臺灣府志》，南投：臺灣省文獻委員會，2002。
20. 不著撰人，《天妃顯聖錄》，南投：臺灣省文獻委員會，1996。

21. 不著撰人,《寺廟臺帳·臺中州大甲郡 I(下冊)》昭和年間影本,中研院人文社會聯圖(臺史所影印特藏),出版地不詳:出版者不詳,出版年不詳。

22. 中央研究院民族學研究所典藏,《臺灣省臺中縣寺廟登記表》,出版地不詳:臺灣文獻會整理,1983。

23. 王先知填表,中央研究院民族學研究所典藏,《臺灣省宗教調查書·臺中縣(二)》,出版地不詳:臺灣文獻會整理,1959。

24. 臺銀經濟研究室編,《臺案彙錄甲集卷三·附錄:紀莊大田之亂》,臺北市:臺灣銀行,1959。

25. 臺灣銀行經濟研究室編,《清宣宗實錄選輯(一)》,南投市:臺灣省文獻委員會,1997。

26. 臺灣銀行經濟研究室編,《清代臺灣大租調查書》,南投市:臺灣省文獻委員會,1995。

27. 臺灣銀行經濟研究室編輯,《臺灣中部碑文集成》,南投:臺灣省文獻委員會,1995。

28. 臺灣銀行經濟研究室編,《福建通志臺灣府》,南投:臺灣省文獻委員會,1999。

29. 蔡青筠,《戴案紀略》,南投:臺灣省文獻委員會,1997。

二、中文書籍

1. 〔日〕鈴木清一郎,《臺灣舊慣冠婚葬祭與年中行事》,臺北:南天書局,1995。

2. 〔英〕科林·倫福儒、保羅·巴恩著,中國社會科學院考古研究所譯,《考古學:理論、方法與實踐》,北京:文物出版社,2004。

3. 王立任,《歷史建築大庄浩天宮調查研究計畫期末報告書》,臺中:臺中縣立港區藝術中心,2002。

4. 王立任等撰文,《鴨母寮永天宮導覽手冊》,臺中縣梧棲鎮:臺中縣梧棲鎮藝文協會,2009.07。

5. 王仲孚總編纂,《梧棲鎮志》,臺中:臺中縣梧棲鎮公所,2005。

6. 王志宇的〈信仰與教化——清代臺灣媽祖碑記的一種解讀〉,陳志聲總編輯,《媽祖國際學術研討會——媽祖、民間信仰與文物論文集》,臺中縣清水鎮:中縣文化局,2009 年 5 月,頁 367～410。

7. 王見川、李世偉,《臺灣的民間宗教與信仰》,臺北縣:博揚文化,2000。

8. 王見川、李世偉,《臺灣媽祖廟閱覽》,臺北縣:博揚文化,2000。

9. 石萬壽,《臺灣的媽祖信仰》,臺北市:臺原出版社,2000。

10. 江燦騰主編，增田福太郎原著，黃有興中譯，《臺灣宗教信仰》，臺北市：東大圖書，2008。

11. 何培夫主編，《臺灣地區現存碑碣圖誌・臺中縣市・花蓮縣篇》，臺北市：國立中央圖書館臺灣分館，1997。

12. 李奕興，〈百變造像，金身如一——臺灣媽祖造像的形式與特徵〉，黃旭主編，《流動的女神——臺灣媽祖進香文化特展》，臺中：國立自然科學博物館，2011，頁 53～59。

13. 李奕興，〈鹿港新舊祖宮媽祖造像的形式與特徵〉，彰化縣文化局編，《彰化媽祖信仰學術研討會論文集》，彰化市：彰化縣文化局，2011，頁 57~67。

14. 李建緯，〈臺南市大天后宮早期金屬香爐形制與源流考〉，彭文宇主編，《媽祖文化研究論叢（I）》，北京：人民出版社，2012，頁 202～216。

15. 李建緯，〈臺灣媽祖廟中所見「與天同功」匾之風格與工藝問題〉，林正珍主編，《2013 臺中媽祖國際觀光文化節——媽祖國際學術研討會論文集》，臺中：中市文化局，2013 年 11 月，頁 309～337。

16. 李建緯，〈爐香乍熱，瑤宮蒙熏——彰化南瑤宮古香爐之形制年代與其意涵探討〉，王志宇主編，《2012 彰化媽祖信仰學術研討會論文集》，彰化：彰化縣文化局，2012 年 11 月，頁 117～151。

17. 李曉東，《中國文物學概論》，石家莊：河北人民出版社，1993。

18. 卓克華，《從寺廟發現歷史》，臺北：揚智文化，2003。

19. 周婉窈，《臺灣歷史圖說》，臺北：聯經出版社，1998。

20. 林永村、林志浩，《笨港：一個古老港口的歷史與文化》，北港鎮：笨港文化事業有限公司，1995。

21. 林玉茹，《清代臺灣港口的空間結構》，臺北：知書房出版，1996。

22. 林洸沂，《歷代媽祖金身在新港》，嘉義縣新港鄉：新港文教基金會編，2002。

23. 林美容，《媽祖信仰與臺灣社會》，臺北縣蘆洲市：博揚文化，2006。

24. 林茂賢，〈臺灣媽祖信仰〉，黃旭主編，《流動的女神——臺灣媽祖進香文化特展》，臺中：國立自然科學博物館，2011，頁 40～45。

25. 林淑鈴，〈重現超凡入聖之境？臺中縣媽祖廟之進香〉，收入林淑鈴等撰稿，《中縣開拓史學術研討會論文集》，豐原市：臺中縣立文化中心，1994，頁 2～43。

26. 林勝俊，《臺灣寺廟的職權與功能之研究》，臺北市：文史哲出版社，1988。

27. 施添福總編纂，《臺灣地名辭書，卷十二，臺中縣（二）》，南投市：臺灣文獻館，2007。

28. 柯志明，《番頭家：清代臺灣族群政治與熟番地權》，臺北：中央研究院，

2001。

29. 洪英聖，《畫說乾隆臺灣輿圖》，臺北：聯經，2002。

30. 洪敏麟，《五汊港聚落圖說》，臺中：臺中縣梧棲鎮農會，1994。

31. 洪敏麟，《臺灣舊地名之沿革（二下）》，臺中：臺灣省文獻會，1984。

32. 洪麗完，《臺灣中部平埔族群古文書研究與導讀·中冊》，豐原市：臺中縣立文化中心，2002。

33. 馬大勇編著，《雲鬢鳳釵——中國古代女子髮型髮飾》，濟南：齊魯書社，2009。

34. 國立歷史博物館編輯委員會編輯，《臺灣媽祖文化展》，臺北：國立歷史博物館，2008。

35. 康諾錫，《臺灣廟宇圖鑑》，臺北：貓頭鷹出版社，2004。

36. 張炎憲、曾品滄編，《楊雲萍藏臺灣古文書》，臺北縣新店市：國史館發行，2003。

37. 張淑卿等作，《看見臺灣歷史：國立臺灣歷史博物館館藏綜覽圖錄》，臺南：國立臺灣歷史博物館，2013。

38. 許雪姬，《龍井林家的歷史》，臺北市：中央研究院近代史研究所，1990。

39. 陳仕賢，《臺灣的媽祖廟》，臺北縣新店市：遠足文化，2006。

40. 陳哲三，《古文書與臺灣史研究——陳哲三教授榮退論文集》，臺北：文史哲出版社，2008。

41. 陳清香，〈北港朝天宮供像造形初探——以正殿媽祖像和觀音殿觀音像為例〉，財團法人北港朝天宮董事會、臺灣省文獻委員會編，《媽祖信仰國際學術研討會論文集》，南投：財團法人北港朝天宮董事會、臺灣省文獻委員會，1997，頁 142～168。

42. 陳清香，〈臺灣媽祖造像風格的遞變〉，陳志聲、陳維德、薛雅文總編輯，《媽祖國際學術研討會論文集》，臺中縣清水鎮：中縣文化局，2010，頁 151～167

43. 陳翠黛譯，《梧棲鄉土讀本》，臺中：臺中縣梧棲鎮公所，2001。

44. 曾國棟，《臺灣的碑碣》，新店市：遠足文化，2003。

45. 黃秀政，《臺中縣海線開發史》，豐原：臺中縣立文化中心，2000。

46. 黃翠梅、李建緯，〈臺灣媽祖廟早期金屬香爐形制初探——以臺南市大天后宮為中心〉，《第三屆海峽論壇——媽祖學術研討會論文匯編》，福建省莆田市：莆田學院媽祖文化研究中心，2011 年 6 月，頁 212～253。

47. 溫國良編譯，《臺灣總督府公文類纂宗教史料彙編：明治二十八年十月至明治三十五年四月》，南投市：省文獻會，1999。

48. 董倫岳撰文，《梧棲古文書史料專輯》，臺中縣梧棲鎮：中縣梧棲鎮公所，

2000。

49. 臺灣總督府交通局道路港灣課技手北川正勝調查,《梧棲港調查書》,臺中縣:臺灣總督府交通局道路港灣課,1936。

50. 臺灣總督府官房調查課編,《臺灣在籍漢民族鄉貫別調查》,臺北:臺灣時報發行所,1928。

51. 劉文三,《臺灣神像藝術》,臺北:藝術家出版社,1992。

52. 劉寧顏總纂,鄭喜夫編纂,《重修臺灣省通志·卷八職官志文職表篇（一）》,南投:臺灣省文獻委員會,1993。

53. 蔡相煇編著,《北港朝天宮志》,北港鎮:財團法人北港朝天宮董事會,1995。

54. 蔡紹斌,《清水第一街:大街路尋根溯源》,臺北市:地景企業,1997。

55. 戴炎輝,《清代臺灣之鄉治》,臺北:聯經出版,2012。

56. 戴寶村,《臺中港開發史》,豐原:臺中縣立文化中心,1987。

57. 臺中市政府文化局主辦,曾文吉建築師事務所執行,《歷史建築大庄浩天宮調查研究及修復再利用計畫》,臺中:臺中市文化資產處,2015。

58. 鷹取田一郎,《臺灣列紳傳》,臺北:臺灣總督府,1916。

三、期刊論文

1. 王靜儀,〈梧棲水陸交通發展與臺中港開港〉,《興大人文學報》,32（下）（臺中,2002.06）,頁 919～943。

2. 李佳興,〈梧棲「朝元宮」匾聯調查〉,《東海大學圖書館館訊》,87（臺中,2008.12）,頁 31～52。

3. 李建緯,〈成器之道——中國先秦至漢代對黃金的認識與工藝技術研究〉,《美術學報》,4（臺北,2011.09）,頁 1～52。

4. 李建緯,〈臺灣西部媽祖廟既存石香爐調查與研究〉,《臺灣文獻》,64:4（南投,2013.12）,頁 34～90。

5. 李建緯,〈臺灣媽祖廟現存「御匾」研究:兼論其所反映的集體記憶與政治神話〉,《民俗曲藝》,186（臺北,2014.12）,待刊稿。

6. 杜正勝,〈臺灣民番界址圖說略〉,《古今論衡》,8（臺北,2002.06）,頁 2～9。

7. 卓克華,〈臺中縣梧棲鎮真武宮的歷史調查與研究〉,《中縣文獻》,11（臺中,2007.09）,頁 103～134。

8. 孟祥瀚,〈由「卑南天后宮置產碑記」論清末臺東社會與經濟的發展〉,《臺東文獻》,復刊 1（臺東,1997.05）,頁 6～15。

9. 林文龍,〈曾作霖主稿《彰化縣志》與掌教藍田書院:兼談其籍貫問題〉,

《臺灣文獻》，別冊 45（南投，2013.06），頁 20～28。

10. 林春美，〈兩尊臺灣南部的早期鎮殿媽造像〉，《南藝學報》，5（臺南，2012.12），頁 65～105。

11. 洪麗完，〈大安、大肚兩溪間墾拓史研究〉，《臺灣文獻》，43：3（南投，1992.09），頁 165~259。

12. 洪麗完，〈從一張古文書管窺清代的梧棲港〉，《臺灣史田野研究通訊》，10（臺北，1989.12），頁 8～10。

13. 洪麗完，〈清代梧棲港開墾史的三件古契字〉，《臺灣史田野研究通訊》，11（臺北，1989.06），頁 20～24。

14. 洪麗完，〈清代臺中地方福客關係初探〉，《臺灣文獻》，41：2（臺中，1990.06），頁 63~93。

15. 洪麗完，〈關於梧棲鐘藏古文書的幾點觀察〉，《臺灣史田野研究通訊》，14（臺北，1990.03），頁 29～39。

16. 許炳南，〈鹿耳門天上聖母像之考據〉，《臺灣風物》，11：7（臺北，1961.07），頁 12～15。

17. 郭伶芬，〈清代臺灣大肚保聯庄組織形成之研究〉，《臺灣人文生態研究》，6：1（臺中，2004.01），頁 1～34。

18. 陳世慶（字夢痕），〈鬢啓於梧棲港之樟腦糾紛始末〉，《中國方志叢書臺灣地區臺灣省苗中彰三縣文獻》，臺北：成文出版社，1983，影印臺中縣文獻委員會編印民國 44 年排印本，頁 184～189。

19. 陳清香，〈從清代僧官制度看台灣媽祖宮的僧侶住持〉，《臺灣文獻》，59：1（南投，2008.03），頁 49～80。

20. 陳夢痕，〈臺灣樟腦案件始末〉，《臺北文物》，8：3（臺北，1959.10），頁 36～39。

21. 陳聰民，〈五福圳變遷之探討〉，《臺灣文獻》，52：4（南投，2001.12），頁 417～475。

22. 陳聰民，〈梧棲鎮朝元宮初探〉，《臺灣文獻》，49：4（南投，1998.12），頁 337～366。

23. 黃海泉，〈梧棲沿革誌〉，《中國方志叢書臺灣地區臺灣省苗中彰三縣文獻》，臺北：成文出版社，1983，影印臺中縣文獻委員會編印民國 44 年排印本，頁 201～205。

24. 黃敦厚，〈大甲鎮瀾宮神像考〉，《民俗與文化》，1（臺中，2005.09），頁 5～17。

25. 黃騰華、李小穩，〈清代臺灣地區的媽祖碑刻述論〉，《福建省社會主義學院學報》，2008：01（福州市，2008.02），頁 52～56、103。

26. 聖母廟董事會，〈鹿耳門天上聖母神像暨聖母廟遺跡辯正〉，《臺灣風物》，

11：7（臺北，1961.07），頁 7～11。

27. 劉枝萬，〈清代臺灣之寺廟（一）〉，《臺北文獻》，4（臺北，1963.06），頁 101~120。

28. 劉福鑄，〈從清代臺灣媽祖宮廟題匾看媽祖的助戰功能〉，《廣東海洋大學學報》，29：5（廣州，2009.10），頁 20～25。

29. 蔡芯圩，〈日本金銀器裝飾淺說〉，《書畫藝術學刊》，6（臺北，2009.06），頁 421～440。

30. 蔡雅蕙，〈石岡彩繪司傅劉沛〉，《臺灣文獻》，55：1（南投，2004.03），頁 297～358。

31. 盧泰康、李建緯，〈臺灣古蹟中既存古物調查的現況與反思〉，《文化資產保存學刊》，25（臺北，2013.11），頁 95~115。

32. 戴寶村，〈梧棲港開發史研究——清代至日據時期〉，《東海大學歷史學報》，9（臺中，1988.07），頁 105～133。

33. 謝宗榮，〈媽祖的神格及其造像藝術〉，《國立歷史博物館》，18：3=176（臺北，2008.03），頁 52～59。

34. 關口隆正著、陳金田譯，〈臺中地區移民史〉，《臺灣風物》，30：1（臺北，1980.03），頁 9~33。

四、其他（計畫案報告、報紙、簡介、網路）

1. 「面海的女神——臺中市濱海地區媽祖廟文物與信仰研究」計畫，李建緯主持，劉常山、張志相共同主持，逢甲大學歷史與文物研究所執行，執行時間 102 年 1 月 1 日至 102 年 12 月 31 日。

2. 南投縣政府文化局委託，研究案號（1022201003-E）林仁政主持，阮炳港、吳泰慶協同主持，《重要古物「刑期無刑」古匾保存管理維護調查報告結案報告書》，南投：南投縣政府文化局，2013。

3. 施雲萍、林郁瑜，《臺中萬春宮古物調查報告》，2012 年 6 月，未刊稿。

4. 浩天宮管理委員會編審，《梧棲大庄浩天宮簡介》，臺中：浩天宮管理委員會，未著年代。

5. 〈梧棲浩天宮改築問題〉，《臺灣日日新報》（臺灣），1927 年 4 月 26 日（四）。

6. 〈訂正一則〉，《臺灣日日新報》（臺灣），1929 年 4 月 2 日（四）。

7. 〈歡迎香客〉，《臺灣日日新報》（臺灣），1929 年 5 月 3 日（四）。

8. 〈塑神二則〉，《臺灣日日新報》（臺灣），1929 年 5 月 5 日（四）。

9. 〈梧棲浩天宮媽祖求雨得雨繞境盛況〉，《臺灣日日新報》（臺灣），1933 年 6 月 11 日（四）。

10. 〈梧棲浩天宮媽祖建醮廿四日起三天〉，《臺灣日日新報》（臺灣），1936

年 12 月 24 日（十二）。

11. 中央研究院 GIS，臺灣百年歷史地圖「臺灣新舊地圖比對：臺灣堡圖（1898 ～1904）」（瀏覽日期 2014/12/08）http://gissrv4.sinica.edu.tw/gis/twhgis.aspx

12. 中華民國教育部，「臺灣客家語常用詞辭典網路版」（瀏覽日期 2015/01/21）http://hakka.dict.edu.tw/hakkadict/result_detail.jsp?n_no=13540 &soundtype=0&sample=%E7%A6%BE%E5%9F%95

13. 臺中市梧棲區公所網站/機關簡介/各里介紹（瀏覽日期 2014/10/14） http://www.wuqi.taichung.gov.tw/ct.asp?xItem=240654&ctNode=10941&mp =143010

14. 中央研究院臺灣史研究所「臺灣總督府職員錄」系統查詢（瀏覽日期 2016/5/19。http://who.ith.sinica.edu.tw/s2g.action?viewer.q_authStr=1&viewer. q_fieldStr=allIndex&viewer.q_opStr=&viewer.q_valueStr=%E6%9E%97%E5 %98%89%E8%88%87

附錄一　大庄浩天宮媽祖神像
比例示意圖

二媽神像	三媽神像	四媽神像
高 62 公分	高 37 公分	高 41 公分
五媽神像	北港四媽神像	蓬萊媽神像
高 40 公分	高 51 公分（含大底座）	高 59 公分

圖註：圖片為原尺寸十分之一比例。

附錄二　浩天宮文物調查登錄表

梧棲大庄浩天宮文物調查表

填表日期	102 年 9 月 13 日		
文物所有	□公有 ■私有	填表單位	逢甲大學歷史與文物研究所
		填表人	林郁瑜
文物名稱	「聖德昭宏」匾	登錄編號	001
文物級別	□國　　寶　□重要文物 ■一般文物　□不具文物價值	文物分類	□藝術作品　■生活及儀禮器物 □圖書文獻　□其他類
文物所在地	文物保管機關（構）： 梧棲大庄浩天宮管理委員會	地址	臺中市梧棲區中央路一段 784 號
	文物所在地點： 浩天宮三川殿脊樑	地址	臺中市梧棲區中央路一段 784 號
	文物取得方式： ■受贈 □購買＿＿＿元 □發掘 □採集 □徵集 □轉移 □自置 □商借 □其他（不詳）	贊助者（捐贈者）	紀應懷、紀應琛
		數量	本件文物，共含 1 件
文物登錄理由	■具有歷史意義或能表現傳統、族群或地方文化特色 □具有史事淵源。 ■具有一定之時代特色、技術及流派。 □具有藝術造詣或科學成就。 □具有珍貴及稀有性者。 ■具有歷史、文化、藝術或科學價值。 □其他理由＿＿＿＿＿	文物正面圖片 	
外觀特徵（造形、紋飾與刻銘等）	橫長方形有邊框黑底金字匾額，下有如意座斗。為一整片木板製成。 中行為行書「聖德昭宏」，四字字體線條描邊，再塗金漆，有陽文般效果。上款「昭和戊辰年仲冬穀立」，下款「龍井庄海埔厝弟子紀應懷、紀應琛仝敬立　黃嘯鼇敬書」，下有二方金印，但金漆糊化，無法辨識。上下款文字皆為行草陰刻貼金箔，上款右上方有一處如臺灣地圖之形狀，貼有金箔。邊框為紅色，刻有陽刻金漆之四蝠及花草紋飾。匾面為黑色，但漆料已有脫落現象，露出紅色底漆。		

製作地點	臺灣		材質	木
年款	昭和戊辰年仲冬穀立		製作年代	日治昭和 3 年（1928）
附屬物件	無		用途	頌讚箴言
尺寸（cm）	長 200，寬 72，厚 4~5。		製作工藝	小木作
文物歷史與文化意涵	龍井庄海埔厝為今臺中市龍井區龍津村。因移民在海埔地拓墾築屋城村而得名。 黃嘯鰲即黃海泉（1897～1994），原籍金門，父親於清咸豐年間來到梧棲落戶，開設中醫藥舖及從事中藥藥材批發生意。黃海泉明治 30 年出生於梧棲，自幼學習漢文，18 歲起繼承父業「福川堂」中藥鋪，除行醫濟世外，以書畫聞名，書畫作品獲大英博物館、臺中縣立文化中心、國立臺灣藝術教育館、臺中美術館、高雄市立美術館典藏。			
參考文獻	洪敏麟，《臺灣舊地名之沿革（二下）》，臺中：臺灣省文獻會，1984，頁 182。 王仲孚總編纂，《梧棲鎮志》，臺中：臺中縣梧棲鎮公所，2005，頁 686。另，黃海泉著有〈梧棲沿革誌〉，為早期梧棲開發史重要文獻，收錄於苗栗縣、臺中縣、彰化縣文獻會編，《中國方志叢書臺灣地區臺灣省苗中彰三縣文獻》，臺北：成文出版社，1983，影印臺中縣文獻委員會編印民國 44 年排印本，頁 201～205。			
保存現況與建議事項	■良好　□尚可　□不佳　□亟待修復			
備考	逢甲大學新星計畫「面海的女神－臺中市濱海地區媽祖廟文物與信仰研究」計畫案			
調查人員	登錄	林郁瑜	文物調查日期	102.9.13
	攝影	楊順宇、劉得甫	影像製作日期	102.10.15

※文物「其他面向」、與「特殊銘文、記號」部位圖片

※文物「其他面向」、與「特殊銘文、記號」部位圖片

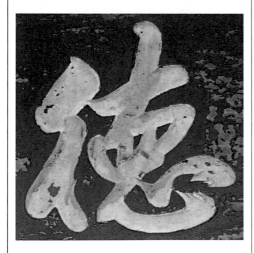

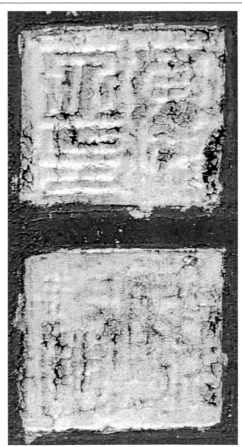

梧棲大庄浩天宮文物調查表

填表日期	102 年 9 月 13 日		
文物所有	□公有 ■私有	填表單位	逢甲大學歷史與文物研究所
		填表人	林郁瑜
文物名稱	「聖德配天」匾	登錄編號	002
文物級別	□國　　寶　　□重要文物 ■一般文物　□不具文物價值	文物分類	□藝術作品　■生活及儀禮器物 □圖書文獻　□其他類
文物所在地	文物保管機關（構）： 梧棲大庄浩天宮管理委員會	地址	臺中市梧棲區中央路一段 784 號
	文物所在地點： 浩天宮正殿橫樑	地址	臺中市梧棲區中央路一段 784 號
	文物取得方式： ■受贈 □購買＿＿＿元　□發掘	贊助者(捐贈者)	楊星遠
	□採集 □徵集 □轉移 □自置 □商借 □其他（不詳）	數量	本件文物，共含 1 件
文物登錄理由	■具有歷史意義或能表現傳統、族群或地方文化特色 □具有史事淵源。 ■具有一定之時代特色、技術及流派。 □具有藝術造詣或科學成就。 □具有珍貴及稀有性者。 ■具有歷史、文化、藝術或科學價值。 □其他理由＿＿＿＿＿	文物正面圖片	

外觀特徵（造形、紋飾與刻銘等）	橫長方形有邊框黑底黑字匾額，下有如意座斗。為一整片木板製成。中行為楷書陽刻字「聖德配天」，「德」字心上少一橫，上款「昭和戊辰年穀旦」，下款「改築委員楊星遠立」，上下款文字皆為楷書陰刻。邊框為刻有陽刻葡萄紋飾，上有雙鳳牡丹圖飾。匾面原為原木色，因煙燻呈現黑色。		
製作地點	臺灣	材質	木
年款	昭和戊辰年穀旦	製作年代	日治昭和 3 年（1928）
附屬物件	無	用途	頌讚箴言
尺寸（cm）	長 200，寬 72，厚 6~7。	製作工藝	小木作
文物歷史與文化意涵			
參考文獻			
保存現況與建議事項	□良好　■尚可　□不佳　□亟待修復 廟方人員表示，此匾可能為昭和三年宮廟重修時，楊星遠所贈。		
備考	逢甲大學新星計畫「面海的女神－臺中市濱海地區媽祖廟文物與信仰研究」計畫案		
調查人員	登錄	林郁瑜	文物調查日期	102.9.13
	攝影	楊順宇、劉得甫	影像製作日期	102.10.15

※文物「其他面向」、與「特殊銘文、記號」部位圖片

※文物「其他面向」、與「特殊銘文、記號」部位圖片

梧棲大庄浩天宮文物調查表

填表日期	102 年 9 月 13 日		
文物所有	□公有 ■私有	填表單位	逢甲大學歷史與文物研究所
		填表人	林郁瑜
文物名稱	「護國保民」匾	登錄編號	003
文物級別	□國　　寶　□重要文物 ■一般文物　□不具文物價值	文物分類	□藝術作品　■生活及儀禮器物 □圖書文獻　□其他類
文物所在地	文物保管機關（構）： 梧棲大庄浩天宮管理委員會	地址	臺中市梧棲區中央路一段 784 號
	文物所在地點： 浩天宮拜殿脊樑	地址	臺中市梧棲區中央路一段 784 號
	文物取得方式： ■受贈 □購買＿＿＿元　□發掘 □採集 □徵集　□轉移　□自置 □商借 □其他（不詳）	贊助者（捐贈者）	楊金參、楊朝枝
		數量	本件文物，共含 1 件
文物登錄理由	■具有歷史意義或能表現傳統、族群或地方文化特色 □具有史事淵源。 ■具有一定之時代特色、技術及流派。 □具有藝術造詣或科學成就。 □具有珍貴及稀有性者。 ■具有歷史、文化、藝術或科學價值。 □其他理由＿＿＿＿＿＿	文物正面圖片 	

外觀特徵（造形、紋飾與刻銘等）	橫長方形有邊框原木底黑字匾額，無座斗。爲一整片木板製成。 中行爲楷書「護國保民」，四字字體線條描邊，再塗黑漆，有陽文般效果。上款「昭和三年陽月穀旦」，下款「清水街弟子楊金參 朝枝」，上下款文字皆爲行書陰刻字。邊框爲素面黑色，無紋飾。 匾額保存完整，受煙燻所致，色澤暗沉。中行字中間有一道裂縫。		
製作地點	臺灣	材質	木
年款	昭和三年陽月穀旦	製作年代	日治昭和 3 年（1928）
附屬物件	無	用途	頌讚箴言
尺寸（cm）	長 170，寬 60，厚 3~4。	製作工藝	小木作
文物歷史與文化意涵			
參考文獻			
保存現況與建議事項	■良好　□尚可　□不佳　□亟待修復		
備考	逢甲大學新星計畫「面海的女神－臺中市濱海地區媽祖廟文物與信仰研究」計畫案		
調查人員	登錄	林郁瑜	文物調查日期	102.9.13
	攝影	楊順宇、劉得甫	影像製作日期	102.10.15

※文物「其他面向」、與「特殊銘文、記號」部位圖片

梧棲大庄浩天宮文物調查表

填表日期	102 年 9 月 13 日		
文物所有	□公有 ■私有	填表單位	逢甲大學歷史與文物研究所
		填表人	林郁瑜
文物名稱	筒形磬足光緒款青瓷香爐	登錄編號	004
文物級別	□國　　寶　□重要文物 ■一般文物　□不具文物價值	文物分類	□藝術作品　■生活及儀禮器物 □圖書文獻　□其他類
文物所在地	文物保管機關（構）： 梧棲大庄浩天宮管理委員會	地址	臺中市梧棲區中央路一段 784 號
	文物所在地點： 浩天宮媽祖殿	地址	臺中市梧棲區中央路一段 784 號
	文物取得方式： ■受贈 □購買＿＿＿元 □發掘 □採集 □徵集 □轉移 □自置 □商借 □其他（不詳）	贊助者（捐贈者）	紀經講
		數量	本件文物，共含 1 件
文物登錄理由	■具有歷史意義或能表現傳統、族群或地方文化特色 □具有史事淵源。 ■具有一定之時代特色、技術及流派。 □具有藝術造詣或科學成就。 □具有珍貴及稀有性者。 ■具有歷史、文化、藝術或科學價值。 □其他理由＿＿＿＿＿	文物正面圖片 	

外觀特徵（造形、紋飾與刻銘等）	圓筒形青瓷印花香爐，下有三磬足。 內褶平沿口，器頸環繞一圈回字紋，直壁，印有纏枝牡丹紋，器底有三隻削切磬形足，器表、器腹及磬足皆施釉。器頸刻有橫寫「浩天宮」，器身刻有直寫「天上聖母」，直寫與橫寫之「天」字共用。上款「光緒伍年歲次己邜潤桐月置」，「己邜」應是己卯，下款「新興庄弟子紀經講叩謝」。所有文字皆以尖錐敲擊刻劃而成。器腹內施釉、有凸旋紋，釉層疑似以盪釉法施作，器底塗醬釉，從青釉、磬足等特徵來看，可能爲閩南漳州東溪窯作品。 因使用時間久遠，器表卡有油煙，掩蓋瓷器原有光澤。器身已出現裂縫，下方有數塊白漆沾染痕跡。		
製作地點	閩南漳州窯	材質	瓷
年款	光緒伍年歲次己邜潤桐月置	製作年代	清光緒 5 年（1879）
附屬物件	無	用途	祭祀（媽祖爐）
尺寸（cm）	器口內徑寬 18，外徑寬 22，高 18。	製作工藝	拉坯、燒窯
文物歷史與文化意涵	推測當年可能奉請新神像。		
參考文獻			
保存現況與建議事項	■良好　□尚可　□不佳　□亟待修復 因常期受油煙燻染，釉色已失光澤，應清除油煙。		
備考	逢甲大學新星計畫「面海的女神－臺中市濱海地區媽祖廟文物與信仰研究」計畫案		
調查人員	登錄	林郁瑜	文物調查日期	102.9.13
	攝影	楊順宇、劉得甫	影像製作日期	102.10.15

※文物「其他面向」、與「特殊銘文、記號」部位圖片

※文物「其他面向」、與「特殊銘文、記號」部位圖片

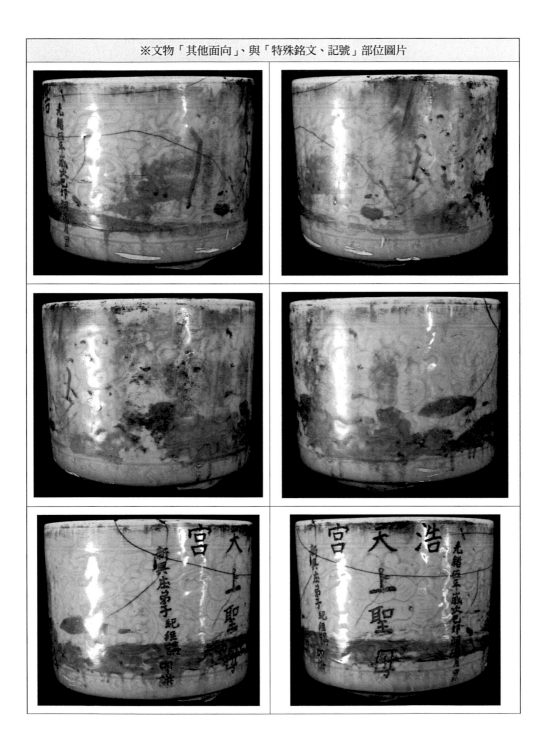

※文物「其他面向」、與「特殊銘文、記號」部位圖片

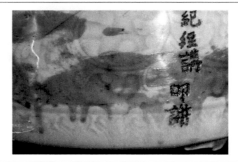
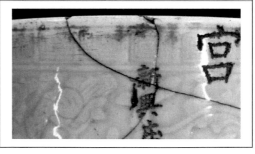

梧棲大庄浩天宮文物調查表

填表日期	102 年 9 月 13 日		
文物所有	□公有 ■私有	填表單位	逢甲大學歷史與文物研究所
		填表人	林郁瑜
文物名稱	刈火爐	登錄編號	005
文物級別	□國　　寶　□重要文物 ■一般文物　□不具文物價值	文物分類	□藝術作品　■生活及儀禮器物 □圖書文獻　□其他類
文物所在地	文物保管機關（構）： 梧棲大庄浩天宮管理委員會	地址	臺中市梧棲區中央路一段 784 號
	文物所在地點： 浩天宮文物室	地址	臺中市梧棲區中央路一段 784 號
	文物取得方式： □受贈 □購買＿＿＿元 □發掘 □採集 □徵集 □轉移 ■自置 □商借 □其他（不詳）	贊助者（捐贈者）	無
		數量	本件文物，共含 1 件
文物登錄理由	■具有歷史意義或能表現傳統、族群或地方文化特色 □具有史事淵源。 ■具有一定之時代特色、技術及流派。 □具有藝術造詣或科學成就。 □具有珍貴及稀有性者。 □具有歷史、文化、藝術或科學價值。 □其他理由＿＿＿＿＿＿	文物正面圖片	

外觀特徵（造形、紋飾與刻銘等）	圓筒形陶製爐，內有一隔熱鐵爐。圓口、直壁、無足，底部略有弧度，素面無花紋，全器無文字。器體呈黑褐色，有一條鐵絲圈捆，貼有紅色敕封條，寫有「敕封天上聖母護國庇民擇本月 26 日封」。爐底底面未修坯，呈現粗糙不平狀。 因陶爐不能承受過高溫度，故以一個隔熱鐵爐置於爐內，防止陶爐爆裂。此爐每兩年回北港朝天宮刈香，仍在使用中，器內有香灰堆積。		
製作地點	臺灣	材質	陶
年款	無	製作年代	推測為日治後期
附屬物件	隔熱鐵爐	用途	刈香用爐
尺寸（cm）	器口內徑寬 21，外徑寬 25，高 16。	製作工藝	低溫窯
文物歷史與文化意涵	此爐形狀與鴨母寮永天宮的刈火爐相同，應是同時間同工匠所做。 據廟方常務委員楊德口述表示，此香爐是早期廟方一位委員手製，一直使用至今，但已記不得其姓名。		
參考文獻	浩天宮常務委員楊德（日治昭和 3 年（1928）年生）口述。		
保存現況與建議事項	■良好　□尚可　□不佳　□亟待修復		
備考	逢甲大學新星計畫「面海的女神－臺中市濱海地區媽祖廟文物與信仰研究」計畫案		
調查人員	登錄	林郁瑜	文物調查日期	102.9.13
	攝影	楊順宇、劉得甫	影像製作日期	102.10.15

※文物「其他面向」、與「特殊銘文、記號」部位圖片

梧棲大庄浩天宮文物調查表

填表日期	102 年 9 月 13 日		
文物所有	□公有 ■私有	填表單位	逢甲大學歷史與文物研究所
		填表人	林郁瑜
文物名稱	「德保生民」匾	登錄編號	006
文物級別	□國　　寶　□重要文物 ■一般文物　□不具文物價值	文物分類	□藝術作品　■生活及儀禮器物 □圖書文獻　□其他類
文物所在地	文物保管機關（構）： 梧棲大庄浩天宮管理委員會	地址	臺中市梧棲區中央路一段 784 號
	文物所在地點： 浩天宮正殿橫樑	地址	臺中市梧棲區中央路一段 784 號
	文物取得方式： ■受贈 □購買＿＿＿元 □發掘 □採集 □徵集 □轉移 □自置 □商借 □其他（不詳）	贊助者（捐贈者）	王槙、鄭荣
		數量	本件文物，共含 1 件
文物登錄理由	□具有歷史意義或能表現傳統、族群或地方文化特色 ■具有史事淵源。 □具有一定之時代特色、技術及流派。 □具有藝術造詣或科學成就。 □具有珍貴及稀有性者。 ■具有歷史、文化、藝術或科學價值。 □其他理由＿＿＿＿＿＿	文物正面圖片	

外觀特徵（造形、紋飾與刻銘等）	橫長方形無邊框黑底金字匾額，下有螃蟹座斗。匾額爲拼接，中行爲一整片木板製成，上下方各拼接一條木條。 中行爲行書「德保生民」，「德」字心上少一橫，「民」字中間一豎勾有出頭，四字字體塗金漆，以減地方式刻出陰文。上款「同治元年陸月統帶淡勇防甲進攻梧棲海埔厝等庄二年十一月隨同丁觀察克復彰城皆叨」，下款「神佑 同治三年三月吉旦信官王楨、鄭榮仝叩謝」，上下款文字皆爲陰刻金字。匾額保存完整，受煙燻所致，色澤暗沉，匾面底漆有起甲現象。		
製作地點	臺灣	材質	木
年款	同治三年三月吉旦	製作年代	清同治 3 年（1864）
附屬物件	無	用途	記事銘恩
尺寸（cm）	長 180，寬 55，厚 2~3。	製作工藝	小木作
文物歷史與文化意涵	此匾與戴潮春事件有關，捐贈者爲王楨與鄭榮，王楨時任彰化縣補用同知知縣，而鄭榮則爲水師守備，「丁觀察」是爲當時的臺灣兵備道丁曰健。		
參考文獻	蔡青筠，《戴案紀略》，臺灣銀行經濟研究室編印，南投：臺灣文獻委員會，1997。		
保存現況與建議事項	■良好　□尚可　□不佳　□亟待修復		
備考	逢甲大學新星計畫「面海的女神－臺中市濱海地區媽祖廟文物與信仰研究」計畫案		
調查人員	登錄	林郁瑜	文物調查日期	102.9.13
	攝影	楊順宇、劉得甫	影像製作日期	102.10.15

※文物「其他面向」、與「特殊銘文、記號」部位圖片

梧棲大庄浩天宮文物調查表

填表日期	102 年 9 月 13 日		
文物所有	□公有 ■私有	填表單位	逢甲大學歷史與文物研究所
		填表人	林郁瑜
文物名稱	「神昭海表」匾	登錄編號	007
文物級別	□國　　寶　　□重要文物 ■一般文物　□不具文物價值	文物分類	□藝術作品　■生活及儀禮器物 □圖書文獻　□其他類
文物所在地	文物保管機關（構）： 梧棲大庄浩天宮管理委員會	地址	臺中市梧棲區中央路一段 784 號
	文物所在地點： 浩天宮正殿神房上方	地址	臺中市梧棲區中央路一段 784 號
	文物取得方式： ■受贈 □購買＿＿＿元　□發掘 □採集 □徵集　□轉移　□自置 □商借 □其他（不詳）	贊助者（捐贈者）	北港朝天宮管理委員會
		數量	本件文物，共含 1 件
文物登錄理由	□具有歷史意義或能表現傳統、族群或地方文化特色 ■具有史事淵源。 □具有一定之時代特色、技術及流派。 □具有藝術造詣或科學成就。 □具有珍貴及稀有性者。 ■具有歷史、文化、藝術或科學價值。 □其他理由＿＿＿＿＿＿	文物正面圖片 	

外觀特徵（造形、紋飾與刻銘等）	橫長方形有邊框黑底陽刻金字匾額，為一整片木板製成。中行為行書「神昭海表」，「神」字有缺筆，筆畫有毛筆書寫拖痕，中央上方有「御筆」二字。上款「中華民國乙巳年恭摹雍正帝御賜本宮之匾額」，「宮」字已歪斜，「之」字末筆斷裂。下款「北港朝天宮管理委員會」，上下款文字皆為陽刻正體金字。字體以小釘釘在木匾。邊框有陽刻九龍紋，匾額保存完整，受煙燻所致，色澤偏黑。		
製作地點	臺灣	材質	木
年款	中華民國乙巳年	製作年代	中華民國 54 年（1965）
附屬物件	無	用途	頌讚箴言
尺寸（cm）	長 210，寬 90，厚 4~5。	製作工藝	小木作
文物歷史與文化意涵			
參考文獻			
保存現況與建議事項	■良好　□尚可　□不佳　□亟待修復		
備考	逢甲大學新星計畫「面海的女神－臺中市濱海地區媽祖廟文物與信仰研究」計畫案		
調查人員	登錄	林郁瑜	文物調查日期	102.9.13
	攝影	楊順宇、劉得甫	影像製作日期	102.10.15

※文物「其他面向」、與「特殊銘文、記號」部位圖片

北港朝天宮管理委員會贈

雍正帝御賜本宮之匾額

中華民國乙巳年恭摹

梧棲大庄浩天宮文物調查表

填表日期	102 年 9 月 13 日		
文物所有	□公有 ■私有	填表單位	逢甲大學歷史與文物研究所
		填表人	林郁瑜
文物名稱	「功同天地」匾	登錄編號	008
文物級別	□國　　寶　　□重要文物 ■一般文物　　□不具文物價值	文物分類	□藝術作品　■生活及儀禮器物 □圖書文獻　　□其他類
文物所在地	文物保管機關（構）： 梧棲大庄浩天宮管理委員會	地址	臺中市梧棲區中央路一段 784 號
	文物所在地點： 浩天宮正殿橫樑	地址	臺中市梧棲區中央路一段 784 號
	文物取得方式： ■受贈 □購買＿＿＿＿元 □發掘	贊助者（捐贈者）	林嘉與
	□採集 □徵集 □轉移 □自置 □商借 □其他（不詳）	數量	本件文物，共含 1 件
文物登錄理由	■具有歷史意義或能表現傳統、族群或地方文化特色 □具有史事淵源。 ■具有一定之時代特色、技術及流派。 □具有藝術造詣或科學成就。 □具有珍貴及稀有性者。 ■具有歷史、文化、藝術或科學價值。 □其他理由＿＿＿＿＿＿	文物正面圖片	

外觀特徵（造形、紋飾與刻銘等）	橫長方形有邊框黑底陽刻黑字區額，下有牡丹花座斗一對，爲一整片木板製成。中行爲陽刻粗楷字「功同天地」，「功」字處區面有破損，字體以小釘釘在區面，原本似有作金蔥處理。上款「大正庚申年梅月穀旦」，下款「梧棲港區長林嘉與敬立」，上下款文字皆爲陽刻楷書字，以小釘釘在木區，下有二方方印，一爲篆書陰刻「林」，一爲宋體陰刻「嘉興」。邊框有陽刻纏枝牡丹紋，四角落爲變形雷紋，區額保存完整，受煙燻所致，色澤偏黑。		
製作地點	臺灣	材質	木
年款	大正庚申年梅月穀旦	製作年代	日治大正 9 年（1920）
附屬物件	無	用途	頌讚箴言
尺寸（cm）	長 180，寬 72，厚 3。	製作工藝	小木作
文物歷史與文化意涵	日治大正 9 年，臺灣行政區域調整，梧棲從臺中廳沙轆支廳梧棲港區調整爲臺中州大甲郡梧棲街。		
參考文獻			
保存現況與建議事項	■良好　□尚可　□不佳　□亟待修復		
備考	逢甲大學新星計畫「面海的女神－臺中市濱海地區媽祖廟文物與信仰研究」計畫案		
調查人員	登錄	林郁瑜	文物調查日期	102.9.13
	攝影	楊順宇、劉得甫	影像製作日期	102.10.15

※文物「其他面向」、與「特殊銘文、記號」部位圖片

※文物「其他面向」、與「特殊銘文、記號」部位圖片

梧棲大庄浩天宮文物調查表

填表日期	102 年 9 月 13 日		
文物所有	□公有 ■私有	填表單位	逢甲大學歷史與文物研究所
		填表人	林郁瑜
文物名稱	「澤被海邦」匾	登錄編號	009
文物級別	□國　　寶　　□重要文物 ■一般文物　□不具文物價值	文物分類	□藝術作品　■生活及儀禮器物 □圖書文獻　□其他類
文物所在地	文物保管機關（構）： 梧棲大庄浩天宮管理委員會	地址	臺中市梧棲區中央路一段 784 號
	文物所在地點： 浩天宮正殿橫樑	地址	臺中市梧棲區中央路一段 784 號
	文物取得方式： ■受贈 □購買_____元 □發掘 □採集 □徵集 □轉移 □自置 □商借 □其他（不詳）	贊助者(捐贈者)	蔡振玉、蔡雲龍、楊瑤卿暨眾弟子
		數量	本件文物，共含 1 件
文物登錄理由	■具有歷史意義或能表現傳統、族群或地方文化特色 □具有史事淵源。 ■具有一定之時代特色、技術及流派。 □具有藝術造詣或科學成就。 □具有珍貴及稀有性者。 ■具有歷史、文化、藝術或科學價值。 □其他理由_____	文物正面圖片	

外觀特徵 （造形、紋飾與刻銘等）	橫長方形有邊框黑底陽刻金字匾額，爲一整片木板製成，被前匾遮掩，下方部分無法觀看。 中行爲陽刻粗體行書字「澤被海邦」，字體以減地方式刻在匾面，原本似有漆金漆，筆畫有毛筆書寫拖痕。上款「道光丁未年桐月　立　明治三十九年丙午陽月重修」，下款「軍功職員蔡振玉偕三男雲龍敬立　總理楊瑤卿暨眾弟子　□□」，上下款文字皆爲陰刻楷書字泥金，現已因煙燻影響略顯模糊。邊框有陽刻纏枝唐草紋，匾額保存完整，受煙燻所致，色澤偏黑。		
製作地點	臺灣	材質	木
年款	道光丁未年桐月 明治三十九年丙午陽月	製作年代	清道光 27 年（1847） 日治明治 39 年（1906）重修
附屬物件	無	用途	頌讚箴言
尺寸（cm）	被其他匾額遮掩，無法測量	製作工藝	小木作
文物歷史與文化意涵	與〈道光 26 年署臺灣北路理番駐鎮鹿港總捕分府爲示諭交納事〉可相互印證，梧棲在開港後經濟快速發展的情況。		
參考文獻			
保存現況與建議事項	■良好　□尚可　□不佳　□亟待修復		
備考	逢甲大學新星計畫「面海的女神－臺中市濱海地區媽祖廟文物與信仰研究」計畫案		
調查人員	登錄	林郁瑜	文物調查日期	102.9.13
	攝影	楊順宇、劉得甫	影像製作日期	102.10.15

※文物「其他面向」、與「特殊銘文、記號」部位圖片

※文物「其他面向」、與「特殊銘文、記號」部位圖片

梧棲大庄浩天宮文物調查表

填表日期	102 年 9 月 13 日		
文物所有	□公有 ■私有	填表單位	逢甲大學歷史與文物研究所
		填表人	林郁瑜
文物名稱	金閣寺鏨刻紋銅爐	登錄編號	010
文物級別	□國　寶　□重要文物 ■一般文物　□不具文物價值	文物分類	□藝術作品　■生活及儀禮器物 □圖書文獻　□其他類
文物所在地	文物保管機關（構）： 梧棲大庄浩天宮管理委員會	地址	臺中市梧棲區中央路一段 784 號
	文物所在地點： 浩天宮正殿供桌上	地址	臺中市梧棲區中央路一段 784 號
	文物取得方式： □受贈 □購買＿＿＿元 □發掘	贊助者（捐贈者）	無
	□採集 □徵集 □轉移 ■自置 □商借 □其他（不詳）	數量	本件文物，共含 1 件
文物登錄理由	□具有歷史意義或能表現傳統、族群或地方文化特色 □具有史事淵源。 ■具有一定之時代特色、技術及流派。 □具有藝術造詣或科學成就。 □具有珍貴及稀有性者。 □具有歷史、文化、藝術或科學價值。 □其他理由＿＿＿＿＿	文物正面圖片	

外觀特徵（造形、紋飾與刻銘等）	圓形唇口、雙把手耳、束頸、鼓腹、三乳突足，器身呈黃銅色，色澤光亮。器腹鏨刻金閣寺圖案，風景圖紋刻畫細緻，後方亦刻有山勢風景圖，器形完整，無文字。		
製作地點	日本	材質	銅
年款	無	製作年代	推測爲日治昭和晚期
附屬物件	無	用途	祭祀（神明爐）
尺寸（cm）	爐口內徑寬 35，最大器寬 52，高 23。	製作工藝	銅藝（失蠟法）
文物歷史與文化意涵			
參考文獻			
保存現況與建議事項	■良好　□尙可　□不佳　□亟待修復		
備考	逢甲大學新星計畫「面海的女神－臺中市濱海地區媽祖廟文物與信仰研究」計畫案		
調查人員	登錄	林郁瑜	文物調查日期	102.9.13
	攝影	楊順宇、劉得甫	影像製作日期	102.10.15

※文物「其他面向」、與「特殊銘文、記號」部位圖片

※文物「其他面向」、與「特殊銘文、記號」部位圖片

梧棲大庄浩天宮文物調查表

填表日期	102 年 10 月 14 日		
文物所有	☐公有 ■私有	填表單位	逢甲大學歷史與文物研究所
		填表人	林郁瑜
文物名稱	二媽神像	登錄編號	011
文物級別	☐國　寶　☐重要文物 ■一般文物　☐不具文物價值	文物分類	☐藝術作品　■生活及儀禮器物 ☐圖書文獻　☐其他類
文物所在地	文物保管機關（構）： 梧棲大庄浩天宮管理委員會	地址	臺中市梧棲區中央路一段 784 號
	文物所在地點： 浩天宮正殿神龕內	地址	臺中市梧棲區中央路一段 784 號
	文物取得方式： ☐受贈　☐購買＿＿＿元　☐發掘 ☐採集　☐徵集　☐轉移　■自置 ☐商借　☐其他（不詳）	贊助者（捐贈者）	無
		數量	本件文物，共含 1 件
文物登錄理由	■具有歷史意義或能表現傳統、族群或地方文化特色 ☐具有史事淵源。 ■具有一定之時代特色、技術及流派。 ☐具有藝術造詣或科學成就。 ☐具有珍貴及稀有性者。 ■具有歷史、文化、藝術或科學價值。 ☐其他理由＿＿＿＿＿＿	文物正面圖片 	

外觀特徵（造形、紋飾與刻銘等）	木雕硬身坐姿神像，由一整塊木料雕刻。神像爲黑面，雙目低垂，鼻樑高挺，地閣圓滿，雙耳貼頰，頭戴鳳翅九旒冕冠，外披神衣，底座爲方形，以黃銅片包覆。 神像本體刻有蟒袍，頭上戴有冠，但無法確認爲幾旒，冕冠兩側有垂帶，垂帶上有洞，戴鑲鑽金耳環，頭髮梳三髻，俗稱「媽祖頭」，露出的雙手爲黑色，右手持笏版，笏版有陰刻「玉天旨」三字，左手握腰帶，笏版爲銅製。神像原應手持如意，但不知何故，現以銅製笏版取代。坐於龍頭扶手圈椅上，衣袍下擺露出弓鞋，腳下有踏墊，踏墊有四隻呑腳。神像先以紅色爲底漆，再以漆線做出蟒頭與紋飾，最後安金，屬泉州派。 神像的圈椅已斷裂多處，以銅片包覆修補，底座早期常被信徒刮取作爲藥引，因此以銅片包覆，雙手亦因缺損而重修過。		
製作地點	臺灣	材質	木
年款	無	製作年代	疑爲日治
附屬物件	無	用途	祭祀
尺寸（cm）	高 62，寬 29，深 25。	製作工藝	小木作神像雕刻
文物歷史與文化意涵			
參考文獻			
保存現況與建議事項	■良好　□尚可　□不佳　□亟待修復		
備考	逢甲大學新星計畫「面海的女神－臺中市濱海地區媽祖廟文物與信仰研究」計畫案		
調查人員	登錄	林郁瑜	文物調查日期	102.10.14
	攝影	劉得甫	影像製作日期	102.10.28

※文物「其他面向」、與「特殊銘文、記號」部位圖片

※文物「其他面向」、與「特殊銘文、記號」部位圖片

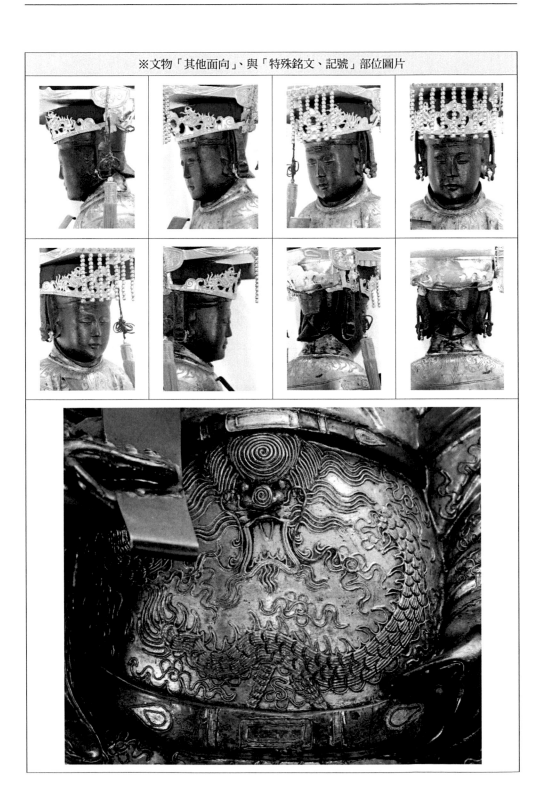

※文物「其他面向」、與「特殊銘文、記號」部位圖片

梧棲大庄浩天宮文物調查表

填表日期	102 年 10 月 14 日		
文物所有	□公有 ■私有	填表單位	逢甲大學歷史與文物研究所
		填表人	林郁瑜
文物名稱	三媽神像	登錄編號	012
文物級別	□國　　寶　□重要文物 ■一般文物　□不具文物價值	文物分類	□藝術作品　■生活及儀禮器物 □圖書文獻　□其他類
文物所在地	文物保管機關（構）： 梧棲大庄浩天宮管理委員會	地址	臺中市梧棲區中央路一段 784 號
	文物所在地點： 梧棲德順宮	地址	臺中市梧棲區中央路二段 233 號
	文物取得方式： □受贈 □購買＿＿＿元　□發掘 □採集 □徵集　□轉移　■自置 □商借 □其他（不詳）	贊助者（捐贈者）	無
		數量	本件文物，共含 1 件
文物登錄理由	■具有歷史意義或能表現傳統、族群或地方文化特色 □具有史事淵源。 ■具有一定之時代特色、技術及流派。 □具有藝術造詣或科學成就。 □具有珍貴及稀有性者。 ■具有歷史、文化、藝術或科學價值。 □其他理由＿＿＿＿＿＿	文物正面圖片	

外觀特徵（造形、紋飾與刻銘等）	木雕硬身坐姿神像，由一整塊木料雕刻。神像爲黑面，雙目平視，面容祥和，臉形圓滿，雙耳貼頰，耳垂大而長，無耳洞，頭戴鳳翅九旒冕冠，外披神衣，底座爲方形，以黃銅片包覆。 神像本體刻有蟒袍，頭上戴有冠，但無法確認爲幾旒，頭髮梳三髻，俗稱「媽祖頭」，露出的雙手爲黑色，右手持笏版，笏版無字，笏版爲銅製，左手置膝上。神像原應手持如意，現以銅製笏版取代。坐於龍頭扶手圈椅上，衣袍下擺露出弓鞋，腳下有踏墊，踏墊有四隻吞腳，吞腳之獸首較抽象。神像先以紅色爲底漆，再以漆線做出蟒頭與紋飾，最後安金，屬泉州派。 神像底座早期常被信徒刮取作爲藥引，因此以銅片包覆，蟒袍曾重修過，有部分金箔脫落。		
製作地點	臺灣	材質	木
年款	無	製作年代	疑爲清代（道光後）
附屬物件	無	用途	祭祀
尺寸（cm）	高 37，寬 21，深 19。	製作工藝	小木作神像雕刻
文物歷史與文化意涵	三媽是浩天宮的開基媽祖，但被福德里德順宮請回德順宮供奉，只有在浩天宮聖母要回北港刈香或問事時，才會請三媽回浩天宮。相傳三媽是「客家人」來臺時的船頭媽，年代很久遠，曾經在 50 多年前請人重修過。 二媽與三媽皆曾於 50 年前重修過，身上的蟒袍均爲泉州派之漆線，應是同一匠師所做。		
參考文獻	神轎班老班長楊培煥口述。		
保存現況與建議事項	■良好　　□尚可　□不佳　□亟待修復		
備考	逢甲大學新星計畫「面海的女神－臺中市濱海地區媽祖廟文物與信仰研究」計畫案		
調查人員	登錄	林郁瑜	文物調查日期	102.10.14
	攝影	劉得甫	影像製作日期	102.10.28

※文物「其他面向」、與「特殊銘文、記號」部位圖片

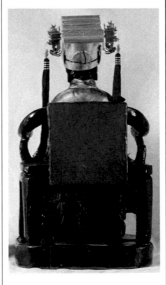

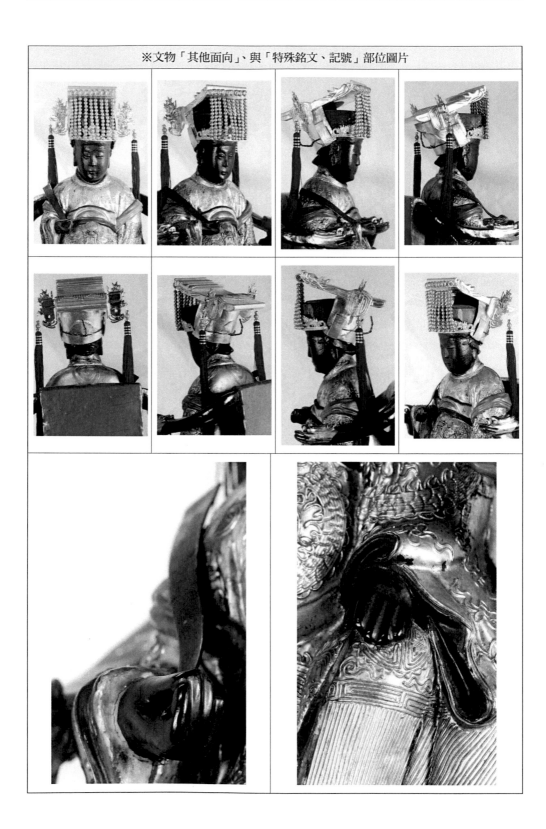

梧棲大庄浩天宮文物調查表

填表日期	102 年 10 月 14 日		
文物所有	□公有 ■私有	填表單位	逢甲大學歷史與文物研究所
		填表人	林郁瑜
文物名稱	「嚴禁佔墾西勢牧埔」碑	登錄編號	013
文物級別	□國　　寶　□重要文物 ■一般文物　□不具文物價值	文物分類	□藝術作品　□生活及儀禮器物 □圖書文獻　■其他類（告示）
文物所在地	文物保管機關（構）： 梧棲大庄浩天宮管理委員會	地址	臺中市梧棲區中央路一段 784 號
	文物所在地點： 浩天宮文物室	地址	臺中市梧棲區中央路一段 784 號
	文物取得方式： □受贈 □購買＿＿＿元 □發掘 □採集 □徵集　□轉移　□自置	贊助者（捐贈者）	無
	□商借 ■其他（官府公告）	數量	本件文物，共含 1 件
文物登錄理由	■具有歷史意義或能表現傳統、族群或地方文化特色 □具有史事淵源。 ■具有一定之時代特色、技術及流派。 □具有藝術造詣或科學成就。 □具有珍貴及稀有性者。 ■具有歷史、文化、藝術或科學價值。 □其他理由＿＿＿＿＿	文物正面圖片	

外觀特徵（造形、紋飾與刻銘等）	長方形石雕陰刻碑，碑額有「正堂嚴禁」四個大字，無底座。石碑原存於浩天宮三川門外廟埕南面之牆，後因道路拓寬而拆除，置於文物室內，石碑表面顯得粗糙，略有斑駁。碑文所提到之彰化縣正堂李，為在任知縣李廷璧；府憲汪，為臺灣知府汪楠；道憲糜，為分巡臺灣兵備道糜奇瑜；而鎮憲武則為臺灣鎮總兵武隆阿。 碑文「特調福建臺灣府彰化縣正堂，加三級、軍功加一級、記大功十次李，為剴切示諭嚴禁事。 照得道光拾壹年拾貳月二十七日，據沙轆大庄、陳厝庄、南簡庄、火燒橋、八張犁、海埔厝、三甲呈稱：『上、下西勢牧埔，屢被民番佔墾築田；前經呼蒙府憲汪、道憲糜、鎮憲武、均仰理番分憲張，出示嚴禁，不許佔築』等情。茲復相率呈稱嚴禁，立碑定界。 據此，除批准出示嚴禁外，合再剴切示諭嚴禁。為此，示仰民番人等知悉：照得牧埔乃係各庄課田牧養之地，經查界址，東抵課田界、西抵海界、南抵八張犁車路界、北抵小欉榔大溝界。內有塚坟，屢被殘損。自此示禁立界之後，毋許民番人等私墾侵佔，殘損塚坟，致害國課民生。倘敢故違，許即挐解，按法重究，決不寬貸。各宜凜遵！毋違！特示。 道光辛卯年臘月　日給。 業戶烏臘甘、總理王章松、甲首蔡素、吳玉心、謝迎、童華池、陳神助、陳捷元、李光喜、蔡春、白江河、卓益、翁鄉、李廷、卓乞、蔡連、歐宋、黃元吉、陳溪水、張長泰、林長發、陳文德、尤宗明、羅墩厚、黃元意、鄭田美、蘇合源、何濯英、蔡對寶、邱癸丁、楊漢英、童吉、楊獻、歐合、楊扳良、李永河、紀先知、李光亮、卓長、陳華、陳尚、蔡泰、張出、郭萬、張標、黃允、陳諒、陳最、張頌、卓寶、林洋、遷善南北社業戶、通土、差甲、社主暨眾番等仝立。」
製作地點	臺灣

製作地點	臺灣	材質	石
年款	道光辛卯年臘月	製作年代	清道光 11 年（1831）
附屬物件	無	用途	公告官府禁令
尺寸（cm）	高 105，寬 61，深 8。	製作工藝	石雕陰刻
文物歷史與文化意涵	此碑文中說明當時的梧棲屬沙轆，漢人來臺開發人數已非常多，經常越界私墾，故官府明訂禁令，不許民番等私墾侵佔課田牧養之地。		
參考文獻	何培夫主編，《臺灣地區現存碑碣圖誌·臺中縣市·花蓮縣篇》（臺北市：國立中央圖書館臺灣分館，1997），頁 101~102。		
保存現況與建議事項	□良好　■尚可　□不佳　□亟待修復		
備考	逢甲大學新星計畫「面海的女神－臺中市濱海地區媽祖廟文物與信仰研究」計畫案		

調查人員	登錄	林郁瑜	文物調查日期	102.10.14
	攝影	劉得甫	影像製作日期	102.10.28

※文物「其他面向」、與「特殊銘文、記號」部位圖片

梧棲大庄浩天宮文物調查表

填表日期	102 年 10 月 14 日		
文物所有	□公有 ■私有	填表單位	逢甲大學歷史與文物研究所
		填表人	林郁瑜
文物名稱	「嚴禁恃強佔墾西勢牧埔」碑	登錄編號	014
文物級別	□國　　寶　□重要文物 ■一般文物　□不具文物價值	文物分類	□藝術作品　□生活及儀禮器物 □圖書文獻　■其他類（告示）
文物所在地	文物保管機關（構）： 梧棲大庄浩天宮管理委員會	地址	臺中市梧棲區中央路一段 784 號
	文物所在地點： 浩天宮三川門龍邊內壁	地址	臺中市梧棲區中央路一段 784 號
	文物取得方式： □受贈 □購買＿＿＿元　□發掘 □採集 □徵集　□轉移　□自置 □商借 ■其他（官府公告）	贊助者（捐贈者）	無
		數量	本件文物，共含 1 件
文物登錄理由	■具有歷史意義或能表現傳統、族群或地方文化特色 □具有史事淵源。 ■具有一定之時代特色、技術及流派。 □具有藝術造詣或科學成就。 □具有珍貴及稀有性者。 ■具有歷史、文化、藝術或科學價值。 □其他理由＿＿＿＿＿	文物正面圖片 	

<table>
<tr>
<td rowspan="1">外觀特徵
（造形、紋
飾與刻銘
等）</td>
<td colspan="4">長方形石雕陰刻碑，無邊框、底座，嵌於牆內，兩塊石頭接合。內文所提之臺灣北路理番駐鎮鹿港海防總捕分府王，即為當時在任的北路理番同知兼鹿港海防王蘭佩。石碑表面有水漬痕，字跡已受風化，略顯模糊，判讀不易。

碑文「特授臺灣北路理番駐鎮鹿港海防總捕分府，加五級、紀錄十次王，為特示嚴禁，以杜爭端事。

據邊善南、北社業戶烏臘甘、土目番差者番暨眾社等及沙轆保總理王章松、南簡、八張犁、陳厝庄、大庄、火燒橋、海墘厝、三甲首眾等僉呈詞稱：『切甘等原配牛埔一所，址在大庄等處西勢一帶上下，原係各庄佃牧牛、死葬之埔、四至界址，各有定界。因嘉慶十八年間被奸棍林生發（即林欉）恃強佔墾，經前業戶蒲氏、牛罵六、萬眉等全社眾赴前憲張控蒙行縣，一體出示嚴禁各在案；奸棍始知斂跡，庄佃稍復安耕。至道光十一年間，突有縣蠹王慎（即王漢珍）狼貪牛埔肥美，竟敢串謀糾匪，復行佔墾。甘等不已，赴縣主李呈控；蒙准諭止禁，勒碑定界。慎乃自恃身充戶總，僅知僥吞供銀，混開次數，套縣承差，做案挐酷，捏番分陷。甘等全社眾無奈，奔轅先後扣請提究；併懇恩威並行，賜准核照原案，先行出示嚴禁，以息狼貪。仍墾勒提縣書王慎等到案，訊明究辦，庶蠹惡亦知斂跡，以杜爭端，沾感不朽；切叨』等情。並據通土大宇海等僉告陳神明等謀佔埔地，瞞稟請禁等情。當經行縣，嚴提戶總王慎解究，並差拘集訊。續據業戶烏臘甘先後具呈，復經分別嚴提暨摧拘質究。

茲據前情，合行照案出示嚴禁。為此，示仰被告王漢珍（即王慎）等暨附近該處沙轆大庄民番人等知悉：爾等凡屬農耕，無論番、漢，均屬良民，各守田地界址管耕，毋許倚勢蠹棍，影藉混佔該社牧牛埔地，恃強佔墾滋端。況各佃農耕全賴牛，牧埔最關緊要；詎可混佔強墾！牛既絕食，耕將奚賴？自示之後，務各互相勸誡，各守安耕，不得倚恃蠹棍，強橫欺凌。倘敢故違，一經查出或被指告，並即會縣嚴拏，按法究辦，決不姑寬。各宜凜遵，毋違！特示。

　　道光十二年六月　日給。」</td>
</tr>
<tr>
<td>製作地點</td>
<td>臺灣</td>
<td>材質</td>
<td>石</td>
</tr>
<tr>
<td>年款</td>
<td>道光十二年六月</td>
<td>製作年代</td>
<td>清道光 12 年（1862）</td>
</tr>
<tr>
<td>附屬物件</td>
<td>無</td>
<td>用途</td>
<td>公告官府禁令</td>
</tr>
<tr>
<td>尺寸（cm）</td>
<td>高 135，寬 60。</td>
<td>製作工藝</td>
<td>石雕陰刻</td>
</tr>
<tr>
<td>文物歷史與
文化意涵</td>
<td colspan="3">此碑與道光 11 年之「正堂嚴禁私墾」碑相同，皆因墾戶私佔土地，越界開墾，孳生事端，故官府再一次公告禁令，不許民番人等私墾。由此可見，當時土地糾紛很多，官府雖有禁令，但力有未逮。</td>
</tr>
<tr>
<td>參考文獻</td>
<td colspan="3">何培夫主編，《臺灣地區現存碑碣圖誌·臺中縣市·花蓮縣篇》（臺北市：國立中央圖書館臺灣分館，1997），頁 103~104。</td>
</tr>
<tr>
<td>保存現況與
建議事項</td>
<td colspan="3">■良好　□尚可　□不佳　□亟待修復</td>
</tr>
<tr>
<td>備考</td>
<td colspan="3">逢甲大學新星計畫「面海的女神－臺中市濱海地區媽祖廟文物與信仰研究」計畫案</td>
</tr>
<tr>
<td rowspan="2">調查人員</td>
<td>登錄</td>
<td>林郁瑜</td>
<td>文物調查日期</td>
</tr>
</table>

| 調查人員 | 登錄 | 林郁瑜 | 文物調查日期 | 102.10.14 |
| | 攝影 | 劉得甫 | 影像製作日期 | 102.10.28 |

※文物「其他面向」、與「特殊銘文、記號」部位圖片

梧棲大庄浩天宮文物調查表

填表日期	102 年 10 月 14 日		
文物所有	□公有 ■私有	填表單位	逢甲大學歷史與文物研究所
		填表人	林郁瑜
文物名稱	「嚴禁五福圳爭水滋鬧」碑	登錄編號	015
文物級別	□國　　寶　□重要文物 ■一般文物　□不具文物價值	文物分類	□藝術作品　□生活及儀禮器物 □圖書文獻　■其他類（告示）
文物所在地	文物保管機關（構）： 梧棲大庄浩天宮管理委員會	地址	臺中市梧棲區中央路一段 784 號
	文物所在地點： 浩天宮三川門虎邊內壁	地址	臺中市梧棲區中央路一段 784 號
	文物取得方式： □受贈 □購買＿＿＿元 □發掘 □採集 □徵集 □轉移 □自置 □商借 ■其他（官府公告）	贊助者（捐贈者）	無
		數量	本件文物，共含 1 件
文物登錄理由	■具有歷史意義或能表現傳統、族群或地方文化特色 □具有史事淵源。 ■具有一定之時代特色、技術及流派。 □具有藝術造詣或科學成就。 □具有珍貴及稀有性者。 ■具有歷史、文化、藝術或科學價值。 □其他理由＿＿＿＿＿	文物正面圖片 	

外觀特徵（造形、紋飾與刻銘等）	長方形石雕陰刻碑，碑額有「五福圳告示」五個大字，有捲草紋邊框，無底座，嵌於牆內。文字清晰可辨讀，碑文最下方文字，略被遮蓋於牆內。內文所提臺灣府正堂陳，爲臺灣知府陳文騄。 碑文「欽加二品銜候補道辦理中路營務處兼統彰化防軍屯兵水勇等營臺灣府正堂、加四級陳，爲勒石示禁事。 案據台屬大肚西堡業戶蔡源順等稟控苗屬墩仔腳庄張程材等爭水滋鬧一案，當經札飭台、苗兩縣會同勘訊稟覆。旋據蔡源順以張程材違斷糾眾絕流等情覆控，并據甲首蔡畜等來府具呈，即經本府親提訊斷，并著張程材抱告陳逢源傳諭息事。台、苗兩縣人民皆爲赤子，本府一視同仁，何分厚薄？第查西堡三分之水，從前涉訟斷定，有案可稽。墩仔腳十三庄本無水份，且毗鄰大安溪，儘可設法開溶引灌，兼可食興；豐疇之水，何必圖佔肇釁！姑念因旱爭水，亦非故意苛求。嗣後，惟尚恪守舊規，勿得再有齟齬。 除立案外，合行示禁。爲此，示仰該處業戶佃民人等知悉：爾等務須遵照前定斷案，毋得再啓爭端，致干答戾。 其各凜遵，毋違！特示。 光緒貳拾年玖月　日給。」

製作地點	臺灣	材質	石
年款	光緒貳拾年玖月	製作年代	清光緒 20 年（1894）
附屬物件	無	用途	公告官府告示
尺寸（cm）	高 134，寬 52。	製作工藝	石雕陰刻
文物歷史與文化意涵	此碑記爲清光緒 20 年（1894）臺灣知府陳文騄給立告示，排解臺灣縣與苗栗縣人民爭水滋鬧；重申舊規，嚴禁再啓爭端。		
參考文獻	何培夫主編，《臺灣地區現存碑碣圖誌・臺中縣市・花蓮縣篇》（臺北市：國立中央圖書館臺灣分館，1997），頁 105~106。		
保存現況與建議事項	■良好　□尚可　□不佳　□亟待修復		
備考	逢甲大學新星計畫「面海的女神－臺中市濱海地區媽祖廟文物與信仰研究」計畫案		
調查人員	登錄	林郁瑜	文物調查日期	102.10.14
	攝影	劉得甫	影像製作日期	102.10.28

※文物「其他面向」、與「特殊銘文、記號」部位圖片

梧棲大庄浩天宮文物調查表

填表日期	102 年 11 月 15 日		
文物所有	□公有 ■私有	填表單位	逢甲大學歷史與文物研究所
		填表人	林郁瑜
文物名稱	四媽神像	登錄編號	016
文物級別	□國　　寶　□重要文物 ■一般文物　□不具文物價值	文物分類	□藝術作品　■生活及儀禮器物 □圖書文獻　□其他類
文物所在地	文物保管機關（構）： 梧棲大庄浩天宮管理委員會	地址	臺中市梧棲區中央路一段 784 號
	文物所在地點： 正殿神龕	地址	臺中市梧棲區中央路一段 784 號
	文物取得方式： □受贈 □購買＿＿＿元 □發掘 □採集 □徵集 □轉移 ■自置 □商借 □其他（不詳）	贊助者（捐贈者）	無
		數量	本件文物，共含 1 件
文物登錄理由	■具有歷史意義或能表現傳統、族群或地方文化特色 □具有史事淵源。 ■具有一定之時代特色、技術及流派。 □具有藝術造詣或科學成就。 □具有珍貴及稀有性者。 ■具有歷史、文化、藝術或科學價值。 □其他理由＿＿＿＿＿	文物正面圖片	

外觀特徵（造形、紋飾與刻銘等）	木雕硬身坐姿神像，由一整塊木料雕刻。神像爲黑面，臉上略有龜裂痕。雙目垂視，面容祥和，臉形圓滿，雙耳貼頰，耳垂大而長，無耳洞，頭戴鳳翅九旒冕冠，外披神衣，底座爲橢圓形。 神像本體刻有蟒袍，頭上戴有冠，但無法確認爲幾旒，有垂帶，髮後梳三髻。露出的雙手爲粉色，右手持金屬製圭版，圭版刻有龍紋，右手拇指原本斷裂，現已黏合，左手置膝上。神像原應手持如意，現以銅製圭版取代。坐於龍頭扶手圈椅上，衣袍下擺露出弓鞋，腳下踩小獅，下有腳踏，有二隻吞腳，吞腳之獸首已模糊。神像應原爲粉色，雙手與頸部衣領處尚可見到白色，但臉部已因香火煙燻而泛黑。衣袍係以漆線做出蟒頭與紋飾，最後安金，屬泉州派。 神像底座早期常被信徒刮取作爲藥引，有缺損，扶手曾因斷掉一側而重修過。

製作地點	臺灣	材質	木
年款	無	製作年代	疑爲清代（道光後）
附屬物件	無	用途	祭祀
尺寸（cm）	高 41，寬 23.5，深 18。	製作工藝	小木作神像雕刻
文物歷史與文化意涵	四媽頭上的木製九旒鳳翅冠，在每兩年前往朝天宮刈香時即換新。		
參考文獻	神轎班老班長楊培煥口述。		
保存現況與建議事項	■良好　□尚可　□不佳　□亟待修復		
備考	逢甲大學新星計畫「面海的女神－臺中市濱海地區媽祖廟文物與信仰研究」計畫案		
調查人員	登錄	林郁瑜	文物調查日期	102.11.15
	攝影	楊順宇、劉得甫	影像製作日期	102.12.30

※文物「其他面向」、與「特殊銘文、記號」部位圖片

梧棲大庄浩天宮文物調查表

填表日期	102 年 11 月 15 日		
文物所有	□公有 ■私有	填表單位	逢甲大學歷史與文物研究所
		填表人	林郁瑜
文物名稱	五媽神像	登錄編號	017
文物級別	□國　寶　□重要文物 ■一般文物　□不具文物價值	文物分類	□藝術作品　■生活及儀禮器物 □圖書文獻　□其他類
文物所在地	文物保管機關（構）： 梧棲大庄浩天宮管理委員會	地址	臺中市梧棲區中央路一段 784 號
	文物所在地點： 正殿神龕	地址	臺中市梧棲區中央路一段 784 號
	文物取得方式： □受贈　□購買＿＿＿元　□發掘 □採集　□徵集　□轉移　■自置 □商借　□其他（不詳）	贊助者（捐贈者）	無
		數量	本件文物，共含 1 件
文物登錄理由	■具有歷史意義或能表現傳統、族群或地方文化特色 □具有史事淵源。 ■具有一定之時代特色、技術及流派。 □具有藝術造詣或科學成就。 □具有珍貴及稀有性者。 ■具有歷史、文化、藝術或科學價值。 □其他理由＿＿＿＿＿	文物正面圖片 	

外觀特徵 （造形、紋飾與刻銘等）	木雕硬身坐姿神像，由一整塊木料雕刻。神像原為粉面，現為黑面。雙目平視，面容祥和，臉形圓滿，雙耳貼頰，耳垂大而長，無耳洞，頭戴鳳翅九旒冕冠，外披神衣，底座為橢圓形。 神像本體刻有蟒袍，頭上戴有冠，但無法確認為幾旒，無垂帶，髮後梳三髻。露出的雙手為粉色，指甲可見。右手持金屬製紅色笏版，笏版無紋，左手置膝上。坐於龍頭扶手圈椅上，圈椅椅背處漆色較新，衣袍下擺露出弓鞋，下有腳踏，有二隻吞腳，腳踏已有裂痕。衣袍係以漆線做出蟒頭與紋飾，最後安金，屬泉州派。 神像底座早期常被信徒刮取作為藥引，現以金屬片包覆，正面寫有墨書「五媽」字樣。		
製作地點	臺灣	材質	木
年款	無	製作年代	疑為清末或日治初
附屬物件	無	用途	祭祀
尺寸（cm）	高 40，寬 23，深 17.5。	製作工藝	小木作神像雕刻
文物歷史與文化意涵	每二年回北港朝天宮進香的神像共五尊，有二媽、三媽、北港四媽、蓬萊媽等四尊，加上北港三媽或副二媽的其中一尊，分乘四頂神轎。		
參考文獻	神轎班老班長楊培煥口述。		
保存現況與建議事項	■良好　□尚可　□不佳　□亟待修復		
備考	逢甲大學新星計畫「面海的女神－臺中市濱海地區媽祖廟文物與信仰研究」計畫案		
調查人員	登錄	林郁瑜	文物調查日期	102.11.15
	攝影	楊順宇、劉得甫	影像製作日期	102.12.30

※文物「其他面向」、與「特殊銘文、記號」部位圖片

梧棲大庄浩天宮文物調查表

填表日期	102 年 11 月 15 日		
文物所有	□公有 ■私有	填表單位	逢甲大學歷史與文物研究所
		填表人	林郁瑜
文物名稱	蓬萊媽神像	登錄編號	018
文物級別	□國　　寶　□重要文物 ■一般文物　□不具文物價值	文物分類	□藝術作品　■生活及儀禮器物 □圖書文獻　□其他類
文物所在地	文物保管機關（構）： 梧棲大庄浩天宮管理委員會	地址	臺中市梧棲區中央路一段 784 號
	文物所在地點： 正殿神龕	地址	臺中市梧棲區中央路一段 784 號
	文物取得方式： ■受贈 □購買＿＿＿元 □發掘 □採集 □徵集 □轉移 □自置 □商借 □其他（不詳）	贊助者(捐贈者)	蔡培東
		數量	本件文物，共含 1 件
文物登錄理由	■具有歷史意義或能表現傳統、族群或地方文化特色 □具有史事淵源。 ■具有一定之時代特色、技術及流派。 □具有藝術造詣或科學成就。 □具有珍貴及稀有性者。 ■具有歷史、文化、藝術或科學價值。 □其他理由＿＿＿＿＿＿	文物正面圖片	

外觀特徵（造形、紋飾與刻銘等）	木雕硬身坐姿神像，由一整塊木料雕刻。神像為黑面。雙目平視，面容祥和，臉形圓滿，雙耳貼頰，耳垂大而長，有耳孔，無耳洞，頭戴鳳翅九旒冕冠，外披神衣，底座為抹角方形。椅背陰刻有字，中央「浩天宮 湄洲天上聖母」、右側「民國四五年端月初三日」、左側「北港鎮蔡培東率男惟嶽 德 全敬献」，字跡清晰可辨，但被紅漆覆蓋。神像本體刻有蟒袍，頭上戴有冠，但無法確認為幾旒，無垂帶，髮後梳三髻。露出的雙手為黑色。右手持金屬製紅色笏版，笏版無紋，左手無物靠於扶手。坐於龍頭扶手圈椅上，衣袍下擺露出弓鞋，下有腳踏，有二隻吞腳，但吞腳已平面化，無獸首樣貌，腳踏有裂痕。衣袍係以漆線做出蟒頭與紋飾，最後安金，屬泉州派。神像底座以金屬片包覆。		
製作地點	臺灣（北港）	材質	木
年款	民國四五年端月初三日	製作年代	民國 45 年（1956）
附屬物件	無	用途	祭祀
尺寸（cm）	高 59，寬 26，深 23。	製作工藝	小木作神像雕刻
文物歷史與文化意涵	神像由蔡培東自蓬萊道場請來，故稱蓬萊媽。 蔡培東本名蔡川，字培東，昭和 3 年（1928）浩天宮進行重修工程時，捐造了三川殿兩側「龍虎對看堵」的石雕。		
參考文獻	神轎班老班長楊培煥口述。		
保存現況與建議事項	■良好　□尚可　□不佳　□亟待修復		
備考	逢甲大學新星計畫「面海的女神－臺中市濱海地區媽祖廟文物與信仰研究」計畫案		
調查人員	登錄	林郁瑜	文物調查日期	102.11.15
	攝影	楊順宇、劉得甫	影像製作日期	102.12.30

※文物「其他面向」、與「特殊銘文、記號」部位圖片

※文物「其他面向」、與「特殊銘文、記號」部位圖片

梧棲大庄浩天宮文物調查表

填表日期	102 年 11 月 15 日		
文物所有	□公有 ■私有	填表單位	逢甲大學歷史與文物研究所
		填表人	林郁瑜
文物名稱	北港四媽神像	登錄編號	019
文物級別	□國　寶　□重要文物 ■一般文物　□不具文物價值	文物分類	□藝術作品　■生活及儀禮器物 □圖書文獻　□其他類
文物所在地	文物保管機關（構）： 梧棲大庄浩天宮管理委員會	地址	臺中市梧棲區中央路一段 784 號
	文物所在地點： 正殿神龕	地址	臺中市梧棲區中央路一段 784 號
	文物取得方式： ■受贈 □購買_____元 □發掘 □採集 □徵集 □轉移 □自置 □商借 □其他（不詳）	贊助者（捐贈者）	不可考
		數量	本件文物，共含 1 件
文物登錄理由	■具有歷史意義或能表現傳統、族群或地方文化特色 □具有史事淵源。 ■具有一定之時代特色、技術及流派。 □具有藝術造詣或科學成就。 □具有珍貴及稀有性者。 ■具有歷史、文化、藝術或科學價值。 □其他理由_____	文物正面圖片 	

外觀特徵（造形、紋飾與刻銘等）	木雕硬身坐姿神像，由一整塊木料雕刻。神像為黑面，頭戴鳳翅九旒冕冠，外披神衣，底座為兩層，皆方形高底座，並以金屬皮包覆。扶手椅有兩層，神像身上有漆線，但未安金，朝帶處有損壞，露出原木胎。 神像本體刻有蟒袍，頭上戴有冠，但無法確認為幾旒，無垂帶，髮後梳三髻。露出的雙手為黑色。右手持金屬製笏版，笏版無紋，左手虎口中空靠於扶手。坐於龍頭扶手雲紋椅上，衣袍下擺露出弓鞋，下有腳踏，有二隻獸首吞腳，紋樣以漆線製成。 神像連座再置放於另一座扶手椅底座，大椅底座正面左右有陰刻黃字「朝勝」，椅背背靠處有白漆字「朝勝」。小椅椅背處中間有陰刻黃字「朝勝媽」，白色漆字「北港」，下方有白色漆字「北港朝天宮」、「朝勝」字樣。		
製作地點	臺灣（北港）	材質	木
年款	無	製作年代	民國？
附屬物件	無	用途	祭祀
尺寸（cm）	（含最大底座）高 51，寬 27，深 17。	製作工藝	小木作神像雕刻
文物歷史與文化意涵	原來只有第一層底座與雲紋扶手椅，外層大底座是送來後才加上。神像是北港所贈。		
參考文獻	神轎班老班長楊培煥口述。		
保存現況與建議事項	■良好　□尚可　□不佳　□亟待修復		
備考	逢甲大學新星計畫「面海的女神－臺中市濱海地區媽祖廟文物與信仰研究」計畫案		
調查人員	登錄	林郁瑜	文物調查日期	102.11.15
	攝影	楊順宇、劉得甫	影像製作日期	102.12.30

※文物「其他面向」、與「特殊銘文、記號」部位圖片

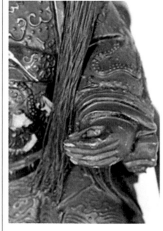

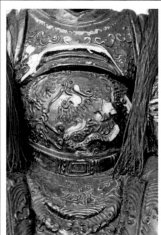

梧棲大庄浩天宮文物調查表

填表日期	102 年 11 月 15 日		
文物所有	□公有 ■私有	填表單位	逢甲大學歷史與文物研究所
		填表人	林郁瑜
文物名稱	境主公神像	登錄編號	020
文物級別	□國　寶　□重要文物 ■一般文物　□不具文物價值	文物分類	□藝術作品　■生活及儀禮器物 □圖書文獻　□其他類
文物所在地	文物保管機關（構）： 梧棲大庄浩天宮管理委員會	地址	臺中市梧棲區中央路一段 784 號
	文物所在地點： 正殿龍邊境主公殿	地址	臺中市梧棲區中央路一段 784 號
	文物取得方式： □受贈　□購買＿＿＿元　□發掘 □採集　□徵集　□轉移　■自置 □商借　□其他（不詳）	贊助者（捐贈者）	無
		數量	本件文物，共含 1 件
文物登錄理由	■具有歷史意義或能表現傳統、族群或地方文化特色 □具有史事淵源。 ■具有一定之時代特色、技術及流派。 □具有藝術造詣或科學成就。 □具有珍貴及稀有性者。 ■具有歷史、文化、藝術或科學價值。 □其他理由＿＿＿＿＿	文物正面圖片	

外觀特徵（造形、紋飾與刻銘等）	木雕硬身坐姿神像，由一整塊木料雕刻。神像呈白面，雙目平視，頭戴長翅帽，身披金龍刺繡神衣。 神像為坐姿，白臉黑長鬚，鬚長及胸，耳垂肥大，有耳孔。著金色龍紋官服，著黑色靴，雙手隱於衣袖中，右手手指微露出袖外，文武腳坐姿，神態自若。衣袍係以漆線做出蟒頭與紋飾，最後安金，屬泉州派。 座椅為扶手太師椅，椅背披有虎皮。雙足踏木雕底座，底座牙子有金色捲草紋飾，底座正面有二隻吞腳、曲足。底座正面略有碰損。		
製作地點	臺灣	材質	木
年款	無	製作年代	疑為清代
附屬物件	無	用途	祭祀
尺寸（cm）	高 51，寬 24，深 20。	製作工藝	小木作神像雕刻
文物歷史與文化意涵	境主公是與城隍爺同類的神明，或為無城牆的鄉下市街所奉祀。 境主公神像在浩天宮建成時即有。		
參考文獻	江燦騰主編，增田福太郎原著，黃有興中譯，《臺灣宗教信仰》（臺北市：東大圖書，2008），頁 176。		
保存現況與建議事項	■良好　□尚可　□不佳　□亟待修復		
備考	逢甲大學新星計畫「面海的女神－臺中市濱海地區媽祖廟文物與信仰研究」計畫案		
調查人員	登錄	林郁瑜	文物調查日期	102.11.15
	攝影	楊順宇、劉得甫	影像製作日期	102.12.30

※文物「其他面向」、與「特殊銘文、記號」部位圖片

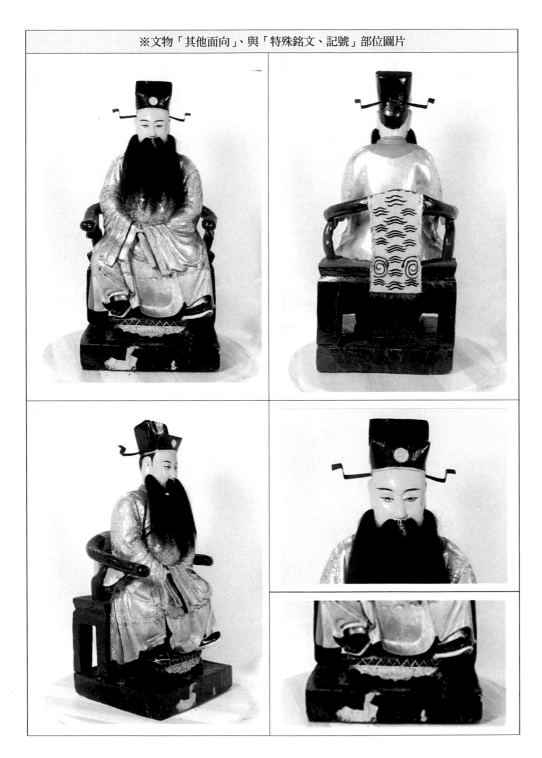

梧棲大庄浩天宮文物調查表

填表日期	102 年 11 月 15 日		
文物所有	□公有 ■私有	填表單位	逢甲大學歷史與文物研究所
		填表人	林郁瑜
文物名稱	湄洲媽神像	登錄編號	021
文物級別	□國　寶　□重要文物 ■一般文物　□不具文物價值	文物分類	□藝術作品　■生活及儀禮器物 □圖書文獻　□其他類
文物所在地	文物保管機關（構）： 梧棲大庄浩天宮管理委員會	地址	臺中市梧棲區中央路一段 784 號
	文物所在地點： 正殿神龕	地址	臺中市梧棲區中央路一段 784 號
	文物取得方式： □受贈 □購買_____元 □發掘 □採集 □徵集 ■轉移 □自置 □商借 □其他（不詳）	贊助者(捐贈者）	無
		數量	本件文物，共含 1 件
文物登錄理由	■具有歷史意義或能表現傳統、族群或地方文化特色 □具有史事淵源。 ■具有一定之時代特色、技術及流派。 □具有藝術造詣或科學成就。 □具有珍貴及稀有性者。 ■具有歷史、文化、藝術或科學價值。 □其他理由_____	文物正面圖片	

外觀特徵（造形、紋飾與刻銘等）	木雕軟身坐姿神像，神像爲粉面，略受煙燻。 神像面容清秀如少女，雙目細長上揚，嘴巴以紅漆描繪。髮際線平整，似無木刻頭冠。		
製作地點	福建	材質	木
年款	無	製作年代	待考
附屬物件	無	用途	祭祀
尺寸（cm）	無法測量	製作工藝	小木作神像雕刻（軟身）
文物歷史與文化意涵	因走私而被海關沒收，而後恭請至浩天宮內奉祀，因來自大陸的湄洲地區，故稱爲湄洲媽。		
參考文獻			
保存現況與建議事項	■良好　□尚可　□不佳　□亟待修復		
備考	逢甲大學新星計畫「面海的女神－臺中市濱海地區媽祖廟文物與信仰研究」計畫案		
調查人員	登錄	林郁瑜	文物調查日期	102.11.15
	攝影	楊順宇、劉得甫	影像製作日期	102.12.30

※文物「其他面向」、與「特殊銘文、記號」部位圖片

梧棲大庄浩天宮文物調查表

填表日期	102 年 11 月 15 日		
文物所有	□公有 ■私有	填表單位	逢甲大學歷史與文物研究所
		填表人	林郁瑜
文物名稱	註生娘娘神像	登錄編號	022
文物級別	□國　　寶　□重要文物 ■一般文物　□不具文物價值	文物分類	□藝術作品　■生活及儀禮器物 □圖書文獻　□其他類
文物所在地	文物保管機關（構）： 梧棲大庄浩天宮管理委員會	地址	臺中市梧棲區中央路一段 784 號
	文物所在地點： 正殿虎邊註生娘娘殿	地址	臺中市梧棲區中央路一段 784 號
	文物取得方式： □受贈 □購買_____元 □發掘 □採集 □徵集 □轉移 ■自置 □商借 □其他（不詳）	贊助者（捐贈者）	無
		數量	本件文物，共含 1 件
分類	□藝術作品　■生活及儀禮器物 □圖書文獻　□其他類	文物正面圖片	
文物級別	□國　　寶　□重要文物 ■一般文物　□不具文物價值		
文物登錄理由	■具有歷史意義或能表現傳統、族群或地方文化特色 □具有史事淵源。 ■具有一定之時代特色、技術及流派。 □具有藝術造詣或科學成就。 □具有珍貴及稀有性者。 ■具有歷史、文化、藝術或科學價值。 □其他理由_____		

外觀特徵 （造形、紋 飾與刻銘 等）	木雕軟身坐姿神像，神像為粉面。 神像面容和藹慈祥，雙目平視，嘴巴小，耳垂大。雙手手腕與中指、食指手指有活動 關節，雙腳穿繡花弓鞋，身著紅色刺繡衣裙。 神像坐於扶手椅，置於木製神龕中，神龕中另放有三雙繡花鞋。。		
製作地點	臺灣	材質	木
年款	無	製作年代	疑為清代
附屬物件	無	用途	祭祀
尺寸（cm）	高 65，寬 38，深 34。	製作工藝	小木作神像雕刻（軟身）
文物歷史與 文化意涵	專司婦人懷孕、生產，亦為保護幼兒之神。 註生娘娘神像在浩天宮建成時即有。		
參考文獻	江燦騰主編，增田福太郎原著，黃有興中譯，《臺灣宗教信仰》，頁 192。		
保存現況與 建議事項	■良好　□尚可　□不佳　□亟待修復		
備考	逢甲大學新星計畫「面海的女神－臺中市濱海地區媽祖廟文物與信仰研究」計畫案		
調查人員	登錄	林郁瑜	文物調查日期	102.11.15
	攝影	楊順宇、劉得甫	影像製作日期	102.12.30

※文物「其他面向」、與「特殊銘文、記號」部位圖片

附錄三　梧棲地區古文書原文

（一）乾隆 11 年水裏社番眉志目土官甘馬轄、大宇等再給佃批

　　立會議再給佃批水裏社番眉志目土官甘馬轄、大宇等，因鴨母寮莊田歷經告案，至乾隆七年，蒙道憲劉、縣主費，審斷還田七十甲，經縣主印給佃批收管。詎楊三祐復行翻控，又蒙縣主陸，清丈出田二十甲還三祐，餘地蒙縣主陸踏明界址，著同對差同鄉保堅立石牌，各管各業。茲佃人劉隍成前來認佃，除門首經丈過田五甲，照例每甲供納租粟八石滿斗；其餘田及莊背旱田二甲六分三釐六毫，議定每甲供租五石滿斗；如日後大溪圳水到田灌足，亦照例八石滿斗供納，永為定例。其乾淨租粟，車運到社交收。現在大圳水湊分開鑿田費銀兩多寡，業三佃七均派；倘日後圳頭崩壞欲修築者，亦照三七均派，不得異言。自議之後，不得生端反悔，今欲有憑，同通事再給佃批，付執為照。

　　乾隆十一年十二月　　　日立　　　　　　　　　再給佃批　番
　　　　　　　　　　　　　　　　　　　　　　　　　　　　通事
　　　　　　　　　　　　　　　　　　　　　　　　代書人李仕捷

（二）乾隆 45 年遷善北社番萬感立給墾批字

　　立給墾批字人迁善北社番萬感，有自己遺下塭埔壹處，坐落土名南簡庄后，東至牛埔墭界，西至海坪界，南至消溝界，北至塭界，四至界址明白，今因乏力耕懇愿將此塭堀埔招墾，盡問房親叔兄弟侄，不欲承受，外托中引

-213-

就手漢人洪文由觀出首承墾，時三面議定，價銀參拾陸兩正銀，即日全中交訖塭埔隨即明界址交付銀主前去掌管，聞築成塭畜魚生息永爲物業，不敢阻當生端茲事。仍約成塭三年以後，著配業主餉銀貳拾大員，從茲繼後一給千休，日後子孫不敢言及貼贖茲事，保此塭埔係感物業與眾人等無干，亦無重張典掛他人不明爲碍，如有不明，感自出首抵當，不干銀主之事，此係二比甘愿各無反悔。恐口無憑，合應給墾批字壹紙，付执爲炤。

即日全中收過字內墾批價銀參拾陸兩正完足再炤

代書人薛連興

中見人蒲清雲

乾隆肆拾伍年弍月　　　　　　日立給墾批字迁善北社番萬感

（三）乾隆 49 年吳日燦立空地相換契約

立合約字人吳日燦緣先年承置有空地壹塊，坐貫大肚西下保八張犁庄心，其地東至角糞堆公路，西至本宅屋後新圍牆，南至羅家圍牆，北至公路爲界，四至分明，茲燦欲架造屋宇羅家屋前，恐有傷■，自情願將空地相換，今羅宅、世祖會會首羅仲桂、漢等買有禾坪壹塊，其地東至吳宅屋前，西至何宅禾埕石釘，南至羅宅墙圍，北至公路爲界，四至明白，全中踏明兩家相換，吳日燦空地壹塊付羅仲桂、漢等執掌，羅仲桂等禾坪一塊付燦執掌，自相換以後，俾各掌□，永遠爲業，嗣后不得爭減少，滋事生端等情，燦承置□□物業，恐有房親□□□□□□□□□□，係燦父子出□抵當，其禾坪明保□□業或有房親叔姪人等生端滋事，桂等出頭，一力抵當，此係二比甘愿，各無反悔，今爲有憑，立合約貳紙壹樣，各執壹紙爲炤。

代筆中人吳文和

知見姪阿富代

發

在場男阿妹代

佑

能

乾隆肆拾玖年拾貳月　　　　　　日立合約人吳日燦

（四）嘉慶元年遷善南北社番烏肉進生立給批塭契字

立給批塭契字遷善南北社番　烏肉進生　大宇丁五　蒲氏毛毛　六萬丁　烏肉成桂　加已僯　媽惜　愛箸哈肉　蒲清　六仔僯　暨社眾等，有承祖遺下草湳壹所，座落土名八亭后，東至犁分尾為界，西至海為界，南至火燒橋坪為界，北至萬感塭為界，四至界址明白定界，今因社番不能承管托中引就與漢人曾國燕　曾國裁　黃貴麟　沙承宗　吳士禧　童朝宗　黃士愿觀等前來出首承給，時備出磧地佛面銀貳佰壹拾大員正銀，即日全中交收足訖，其楠埔隨即踏付銀主自備工本開築成塭，畜養魚蝦，歷年配納塭餉銀伍大員，又納餉魚五拾斤到社交納給出完單存炤，其塭自嘉慶元年春起限至嘉慶參拾伍年拾月終為滿至期。如業主要贖之時，將簝屋斗門溝洰工資估價一足送還銀主，取回文字，不得刁難，亦不敢異生端滋事，保此草湳埔係是南北社眾番公業與別社番親無干不明為碍，如有不明情弊，南北出首抵當不干銀主之事，此係二比甘愿，各無反悔，今欲有憑，恐口無憑，立給塭字壹紙付執為炤。

即日全中收過給批字內磧地佛面銀貳佰壹拾大員正完足再炤。

代筆　盧榮生

在場見通事　業戶　土目　番差　甲頭

嘉慶元年參月　　　　　　　　日給批字

（五）嘉慶4年遷善南北社業戶通土以及頭目番立出瞨字

全愿立出瞨字遷善南北社業戶通土以及頭目番　烏蚋大甲　瓦厘加武　烏肉建烏蚋古蜜　瓦厘甘　烏肉進生　甲已僯　六萬福　仝眾白番等，有承祖遺下海埔堀壹所，早年瞨與海山庄李眾觀，前來備工資財本僱工塡築開有魚塭壹處，土名坐落南簡庄後田尾，東至南簡庄後田尾為界，西至海為界，南至陳厝庄消水溝為界，北至楊頭家分水為界，四至為界明白，今因年限為滿，茲社中欠銀公用托中再引就與舊佃漢人李眾觀　沙高明　烏肉元　王轉觀　劉顯宗　劉文壽　出首承瞨前去更開掌管物業，當日三面言議，時再備出塭底銀壹佰□大員正銀，即日全中交收完足，其魚塭隨付銀主畜養魚蝦蓋簝居住掌管物業，南北社業戶通土以及頭目番仝眾白番等，不敢阻當，歷年不得增租并亦不得起佃，批明每年配納塭餉銀肆大員正，又納柴魚肆拾斤到社交納南北社業戶通土分發給單存炤，當日三面言定，年限己未年起至癸巳年止為滿，批明將

此塭底銀現銷無還年限屆滿之日，除舊佃若不要再贌業主取回時，佃人自蓋
簝屋以及斗門費銀清還，二比不得刁難，保此塭係眾番等公業與他社無干並
無來歷不明為碍，如有不明，業主抵當不干銀主之事，此係二比兩愿，各無
反悔，生端異言，今欲有憑全愿立出贌字壹紙付執為炤。

　　批明即日全中收過贌字內塭銀壹佰大員正足訖再炤。

　　　嘉慶肆年　正月　　　　　　　日全愿立出贌字南北社業戶　通土　頭目番

（六）嘉慶 25 年王申塔等仝立轉退塭份字

　　仝立轉退塭份字人王申塔、仕盤，因族弟仕保有承父文旋在日有出本銀
與李眾觀等十三分，共拾肆份合夥明贌得遷善南北社番管下魚塭壹口，坐落
土名沙轆寮後，其東西四至以及什用餉銀，俱各登載原贌字內明白，保父文
旋應得壹份。又前年間轉贌約內轉叔壹份，合共貳份歷管無異，今因仕保乏
銀創置不得渡臺，□塔、盤等，將此貳份家器塭底魚額，先盡問叔侄及夥計
內不能受，外托中引就與紀汝觀出首承坐。當日三面言議貳份特價佛銀參拾
伍大元正，銀即日全中收訖，寄回內地。其塭底家器共貳份，等額時即交付
紀汝觀前去，與拾貳份內夥計全約掌管生活，魚利永遠為業，不敢阻當，亦
不敢言及取贖滋事，保此塭份係仕保承父文旋應管仗退物業，與叔兄弟侄無
干，亦無重贌他人不明為碍，如有不明申塔、仕盤出首一力抵當，不干銀主
之事，此係二比甘愿各無抑勒。今欲有憑全立轉退字壹紙并上手壹帋共貳帋
付執為炤。

　　批明即日全中收過字內銀參拾伍大員完足再炤

　　再批明文旋承贌塭份壹份約字壹帋，因前年間被盜失落時無交繳，日后
如有此字出現不足為憑再炤

　　再批明當日十四份向番承贌大契約字係李眾觀子孫收管難以收拆再炤

　　內註亦字

　　　　　　　　　　　　　　　　　　　　代書人林騰雲號

　　　　　　　　　　　　　　　　　　　知見并作中人王安郎

　　　嘉慶貳拾伍年拾月　　　　　　　日全立轉退塭份字人王申塔

　　　　　　　　　　　　　　　　　　　　　　　　　　　仕盤

（七）道光 26 年署臺灣北路理番駐鎮鹿港總捕分府為示諭交納事

示諭□交納事，据生員曾安國稟稱：竊以物各有主，非吾有則一毫莫取；地必徵租，既築室則基稅是□，此古今之通例也。□沙轆鰲栖港街向本海濱斥鹵，置為無用荒埔，乾隆三十八年間，居民吳堺等向遷善南北社番通土李友從等給墾開塭，永為己業，歷管四世，□今七十餘年，道光初吳堺孫吳色始將塭份分賣曾家合管數□，會逢大水為災，漂流大木到此，連年沙壓壅積為汕，內結成灣，適有曾培世一船遇風，先入寄泊，乃知該處新開一港。時安國父作霖留籍修誌，未赴閩清學任，經赴前陞憲王稟繳圖說，詳注該灣可以泊船，嗣後小船時來寄泊，近處民人遂依塭仔寮庄暫蓋草屋為棧貯貨。迨道光十二年後，灣日徙而南，棧始漸遷近塭，從此船來日多，屋亦日蓋日眾，十年來幾成街市，強半在安塭界。時安父在閩清學供職，經安胞叔曾玉輝赴前憲稟請飭差諭納在案，時猶草屋多而瓦店少，及安父回籍以還，該處多被回祿燒燬，續蓋瓦店皆在塭界，日新月盛，而歲不同，居然成一聚落矣。去秋忽於塭前新開港門，船可直入寄泊，亦如鹿港新開一口，是皆德政覃敷，故山川鬼神，莫不效靈也。但鰲栖去鹿四十餘里，該處良莠雜居，其忠厚守分者，明知此地為安塭界世業，久思向安給單納稅，以免爭端；其狡詐者，尚觀望不前，獨不思業各有主，全憑印契，地必納租，無容爭佔，此安所不得不繳契驗明，叩懇給示諭納也。伏乞電察施行沾感切稟等情，据此，除批示外，合行示諭交納，為此示仰鰲栖巷街舖戶暨居民人等知悉：爾等如有起蓋店□在曾安國塭界內者，務須認向該業主生員曾安國給單納稅，毋得影藉抗納情事，倘敢故違不遵，致被指稟，定即嚴拏究追，凜之慎之，毋違！特示。

　　道光貳拾陸年陸月　日給

　　　　發貼

　　印記：署臺灣北路理番駐鎮鹿港總捕分府加五級記錄十次／關防（不清）

（八）道光 6 年吳色等立杜賣盡根契

立杜賣盡根契人吳色、曾煥有承祖吳玠、父國燕遺下墾塭一所，址在沙鹿大庄後八角亭西海墘，四至界址，載明契墾內明白，係乾隆三十八年間，向遷善南北社蕃通土李友從等給墾，與陳福、王三錫及祖叔吳日燦合夥，自備工本，開墾成塭，每年帶納蕃社餉銀伍元，菜魚伍拾斤，至十月完納，收執完

單爲憑，塭中飼魚得利，照股均分。嗣後祖叔吳日燦及王三錫貳股，俱付祖父吳日歸管爲業，惟陳福一股係伊子陳大賜承管。轉賣與曾淡川爲業，與色等照舊合夥飼魚。今因色等乏銀別創，願將塭份對半□賣，先儘問房親叔兄弟姪不能承受，外托中引就與曾淡川出首承買，三面議定價銀壹佰大元，其銀即日全中交收足訖，其塭份股半即交銀主掌□，永爲已業。每年塭中飼魚得利及開田播穀，所有收成，俱照四股均分，一賣千休，色等日後子孫不敢言找，亦不敢言贖。保此塭份，果係色兄弟承祖父遺下開墾物業，與房親叔兄弟姪人等無干，亦無重張典掛他人財物，以及來歷交加不明爲礙。如有不明等情，色等出首一力抵當，不干銀主之事，此係兩愿，並無抑勒反悔，今欲有憑，合立杜賣盡根契壹紙，共二紙，付執爲炤。

即日全中收過契價銀壹佰大元完足再炤。

批明祖叔吳日燦及王三錫二股付與祖父吳玠歸管字□因乾隆五十二年林爽文反失落無從查出，日後倘有拾取無用。

批明咸豐四年拾壹月，竹林庄吳曾姓，吳色、曾換之裔吳寬、曾条將此契內承祖父與曾淡川合置大魚塭，一時本應四股得一股伍分，今分作伍股，應得二股內□吳寬曾茶二股抽出賣盡根與鰲棲陳厝庄蔡雲從　代筆人黃隆炤。

批明咸豐伍年拾月，曾鶴幷、曾珍之子曾瑞基兄弟等，均將此契內承兄伯與吳曾姓色、煥合買大魚塭壹所，本應四股得二股，應分今□分作五股，曾淡川兄弟三房應得三股。內中曾鶴幷、曾珍子等二股抽出賣盡根與梧栖陳厝庄蔡雲從代筆林元炤。

爲中人曾掌

道光陸年拾月　　　　　　　　日立杜賣盡根契人　　　吳色

曾煥

知見人　曾泉

代筆　曾繡卿

（九）道光 10 年周順等兄弟立杜賣盡根字

道光拾年拾月

周順官、安官、瑞官兄弟賣來東畔厝半座、田四段共□甲

去佛銀壹仟貳佰貳拾元

立杜賣盡根字壹紙，□書五紙，收执墾字壹紙，共七紙。址在大庄九張，年納迁善南社業戶大租川〇×川三十石

道光拾年拾月

附錄四　〈東天宮沿革誌〉

　　東天宮是傳承蔡氏宗祠復德堂之延續，已有三佰多年之歷史　昔自　蔡氏先祖　繩鑄公（來台第一世）台灣開墾，由台南上岸定居，傳至來台第二世，生次子道祐公移居清水後再移居陳厝庄生三子，長子諱　德春（定居清水）、次子諱　德夏（定居台南）、三子諱　德秋（秋菊公）定居梧棲鎮陳厝庄，也就是東天宮現址（原址本是客籍之地，後經繩鑄公購得）。將原供奉蔡氏祖籍（福建省泉州府城內東街分支晉江縣南門外十九都坑東鄉苦後）由繩鑄公奉請來台之神（九天司命眞君，廣澤尊王，協濟將軍）供請至梧棲鎮陳厝庄之蔡氏宗祠復德堂內。而原址本供奉天上聖母（原是客籍人士所供奉），至秋菊公後購得大庄之地，而將天上聖母遷移至大庄浩天宮現址。而復德堂現址改名媽祖厝，而東天宮　供奉主神九天司命眞君（俗稱灶君）廣澤尊王（俗稱聖王公）協濟將軍（即為蔡氏第一世祖　昭合公）改建後又遠從大陸湄洲及武當山請回天上聖母（湄洲媽）和玄天上帝（得道金身），並由大庄浩天宮請回天上聖母（俗稱黑面三媽），後又請得太子天帥供奉得以庇護里民。

　　民國七十年由主任委員蔡聯富重整祖產，招集重建委員會，至八十年復德堂重建，建廟工程至民國八十四年大致完工，同年三月初五日舉行安座大典。

東天宮管理委員暨全體委員謹誌　蔡乙堂　拜撰

重建委員會

蔡聯富	蔡朝琛	蔡壬寅	蔡吉雄	謝水木	王添壽	蔡季颱	蔡政義
蔡載欣	蔡錦得	蔡萬居	蔡天送	蔡先嘉	蔡嘉藤	蔡萬守	蔡金城
蔡炳津	蔡朝昆	蔡清石	蔡金坑	蔡萬益	蔡萬得		

首屆管理委員會

主任委員：蔡聯富　副主任委員：蔡朝琛　副主任委員：蔡壬寅

總幹事：蔡吉雄

第二屆管理委員會

主任委員：蔡聯發　副主任委員：王炳坤　副主任委員：蔡先嘉

監察委員：蔡壬寅　監察委員：蔡錫銘　總幹事：蔡澄清

　　　　　　　　　　總幹事：蔡金山

總務組：蔡金城　總務組：蔡行銘　總務組：紀宗居　總務組：蔡增助

總務組：李正國　文書組：蔡萬得　文書組：蔡乙堂　文書組：尤建興

財務組：蔡金標　財務組：黃淑姿　財務組：林素連　聯絡組：蔡水聰

聯絡組：蔡志明　公關組：蔡萬守　公關組：蔡耀南

民國八十八年歲次己卯年臘月吉日置